L'ESPRIT FRANÇAIS

CONSTITUTIONNEL

ASSIÉGÉ PAR

LES JÉSUITES ET LES DOCTRINAIRES.

L'ESPRIT FRANÇAIS

CONSTITUTIONNEL

ASSIÉGÉ PAR LES

JÉSUITES ET LES DOCTRINAIRES.

SUIVI DE

L'ENSEIGNEMENT,

L'ÉGLISE ET L'UNIVERSITÉ,

PAR

LES MAITRE.

«La parole a été donnée à l'homme
pour déguiser sa pensée. »

Un Homme d'esprit

Après la chute de l'Empire.

——

PARIS,

JULES LABITTE, LIBRAIRE ÉDITEUR,

PASSAGE DES PANORAMAS, 19.

1846.

AVANT-PROPOS.

Il s'agissait, le jour des élections, d'examiner en conscience si rien ne va dans le public et dans ce pays à l'encontre de la justice et de l'honneur.

La majorité parlementaire a prononcé : l'ordre règne, avec lui la paix et la prospérité. Tout est pour le mieux dans le meilleur des mondes. On n'est pas loin de cet optimisme.

Quel est cet ordre et quelle est cette prospérité ? C'est ce que l'on se propose d'examiner ici en se donnant tout aux intérêts du travail préférablement à ceux du trafic et de la spéculation.

Mais il n'est pire sourd que celui qui ne veut pas entendre : l'attention, la réflexion, le soin de la pensée sont choses difficiles et tristes. Il vaut mieux faire des affaires, brocanter, agioter, jouer ; et pour de telles nobles préoccupations, il faut nécessairement se laisser conduire par les plus intéressés on ne sait où précisément dans l'avenir ; dans le présent, il suffit qu'on soit doucement et paisiblement conduit. On cède volontiers sa liberté d'opinion et de conscience, pour avoir sa liberté d'affaires et d'intérêts plus réelle et plus étendue.

S'entendre dire et prouver sans cesse, qu'en traitant en son nom particulier d'individu, de famille ou de coterie, congrégation, on forfait à tous les devoirs de citoyen, on trahit le bien public, on compromet l'honneur national, est d'ailleurs si fatigant, si importun ! On aime mieux *vivre*, toujours aller et *se multiplier* le plus possible *les satisfactions de la vie*, comme on le dit si nettement dans un nouveau langage économique assez connu.

On nous l'a dit et répété d'ailleurs : le patriotisme et le dévouement, l'esprit national sont toutes choses vaines et illusoires, choses vieillies, choses dangereuses ; et en s'adressant à nos instincts de conservation comme propriétaires, industriels ou marchands, on a détourné nos esprits. On appelle cela la politique d'ordre, la grande politique.

Alors on se demande si l'on est bien en ce pays sur le même sol et dans la même atmosphère qu'il y a quinze ou vingt ans ; quand on protestait, on peut le dire, avec énergie contre l'esprit ancien d'exclusion et de privilége arrivé presque à ses fins, c'est-à-dire à la prépondérance exclusive du clergé et de la race noble. Comment ! aujourd'hui que le même esprit se renouvelle et admet dans sa sphère un autre ordre d'intérêts beaucoup moins incompatible avec lui que d'abord on le pensait; comment, disons-nous, au moment d'être de nouveau saisis et rejetés, tant de calme, tant d'apathie et tant de torpeur !

Quelle est donc la maladie qu'ils nous ont inoculée, ces agents de la doctrine qui, en fait, est pur matérialisme?—le Droit dans le Fait.— Certes ils doivent aujourd'hui se féliciter les hommes qui nous ont appelés, entraînés sur le terrain des affaires et de l'intérêt privé.

Et les affaires nous perdront, ils le savent, nous moyenne bourgeoisie, qui portons le bât, et sur qui, en définitive, pèsent le plus lourdement toutes les charges publiques ou sociales: le champ où ces affaires se font et se donnent carrière est aussi, en réalité, un champ de désastres, un véritable *champ de bataille* ; le profit tout entier doit rester aux plus fins et aux plus habiles.

Jésuites et doctrinaires, c'est sous ces noms vieillis peut-être, mais significatifs, que se sont fait connaître et se font signaler chaque jour davantage deux coteries de docteurs, jadis ennemies, aujourd'hui coalisées, qui en veulent à tout ce qui vous a fait être, bourgeois paisibles, aveugles et ingrats, qui en veulent à la révolution votre mère à tous, et à la *Constitution* son ouvrage. Ils sont tout à cet esprit renouvelé d'exclusion et de privilége dont nous voulons parler.

Il en est temps encore, mais nous courons d'énormes dangers.

L'ESPRIT FRANÇAIS

CONSTITUTIONNEL

ASSIÉGÉ PAR

LES JÉSUITES ET LES DOCTRINAIRES.

« Prenons garde de ressembler aux Grecs du Bas-Empire.

NAPOLÉON AU CONSEIL D'ETAT.

Deux grandes influences pèsent sur le gouvernement, la chose est visible et claire et il n'en faut point douter, deux grandes forces assiègent les pouvoirs publics, les retiennent dans leur sens, les occupent, en sont maîtres : le Négoce et le Clergé. Deux grandes forces morales, si l'on veut, grandes fonctions, nobles ministères dans la société, (1) au point de vue vraiment constitutionnel, religieux et chrétien tout ensemble ; mais obéissant depuis longtemps, et

---

(1) Quel plus grand ministère, quelle plus noble fonction serait, en effet, dans la société, disposer

de nos jours encore, à un esprit étrange, qui maintes fois, dans maints ouvrages et dans maintes publications d'hommes sages, mesurés et patients, a été signalé pour être un esprit d'égoïsme, et non l'esprit de libéralité et d'émancipation. D'un côté les doctrinaires, de l'autre les jésuites, en sont les agents, les avocats, les docteurs. Ils veulent que le gouvernement, la royauté et tous les pouvoirs publics soient à leur discrétion : à la discrétion de ces deux grandes influences pour lesquelles ils luttent et combattent, dans leur sens et à leur profit. Et par une précaution, assurément fort adroite et fort habile, ils veulent tout ensemble que ces forces nécessaires, indispensables pour le Gouvernement, se tiennent en dehors de lui; de sorte que ni elles, ni eux, en puissent

----

équitablement, *libéralement*, des moyens et des instruments de travail.

Et nous comprenons dans le mot Négoce les deux grandes forces industrielles et territoriales dont deux révolutions en France ont confondu les intérêts et mis *les influences* sur le pied de l'égalité.

jamais subir ou même encourir souvent la triste et dangereuse responsabilité aux yeux du peuple: c'est-à-dire pour eux le vulgaire et le commun. C'est là le système anglais, c'est là l'esprit de toutes les institutions britanniques; et c'est là le profit assuré des hommes d'affaires, aux dépens des hommes de travail; des hommes de spéculation, aux dépens des hommes d'action; des traitants, aux dépens des industriels; des hommes enfin de commerce et d'échange, aux dépens de tous les habitants, le commun, hommes de fabrication et de production.

C'est la lutte organisée, *disciplinée* peut-être, de tous les intérêts; mais aussi le règne des plus considérables, non par le nombre *des personnes*, mais par la valeur et l'importance *des choses*; le règne enfin des plus gros et plus forts intérêts, aux dépens des plus nombreux. Enfin c'est le règne des intérêts aux dépens des opinions : c'est le règne des affaires, et les affaires tuent les idées, comme le présent chez nous le fait assez voir. Alors tous les instincts de nationalité et de patriotisme pourraient peut-être se réfugier et trouver leur satisfaction, comme en Angleterre, dans la politique des sommités sociales, et qui la donneraient au peuple pour prix de leurs faveurs, de leurs droits, libertés et prérogatives, du libre exercice enfin de leurs forces et de leurs influences. Mais chez nous les sommités sociales sont mal assises, il leur faut combattre et lutter vigoureusement pour se maintenir. Comment pourraient-elles songer à ce qui n'est, comme la majorité officielle le dit, que vanité, étourderie; et ferait d'ailleurs courir tant de dangers, quand en effet, sous le coup encore de Waterloo, on s'est mis si ostensiblement et avec tant d'abnégation sous la tutelle des héros d'Outre-Manche et à la discrétion des diplomates continentaux (1) ?

Dans les années passées il y avait malgré tout de la résistance : l'esprit public, ardent et

(1) Les goûts anglais et les idées ultramontaines n'en disent-ils pas suffisamment pour notre instruction? Nous ne parlons ni du Gouvernement ni de la Royauté, mais des classes qui pèsent sur eux, et sont maîtresses de la politique existante.

caractérisé alors, était pénétré d'opinions vraiment libérales et nationales tout à la fois. Quel changement s'est donc fait depuis vingt ans ? Quel mouvement a eu lieu ? En peu de mots : l'union des gens de poids et de *quantité* aux gens de nom et de *qualité*. Union forcée, conquise, mais enfin réalisée. Et les hommes d'armes des deux camps procèdent au scellement. Les hommes? on les devine, ils parlent avec assurance et se montrent avec hardiesse; mais leurs armes, quelles elles sont? les mots, les feux follets de l'art et de la parole, les paillettes d'un langage étudié, fastueux et séduisant. Avec cela on peut jeter sur la conduite la moins franche en fait, et la fonction la plus double et la moins ouverte, tout le clinquant imaginable. Le vulgaire — il se produit jusque dans les classes d'élite—aime à s'éprendre, on le sert suivant ses goûts. Ajoutez de certains airs, de certains habits, et l'illusion est complète : le masque de la gravité est fort utile à qui a le cœur lâche et vacillant, et fait plus de cas d'un intérêt que d'une opinion.

Les mots et les paroles! armes dangereuses,

à double tranchant, dans le malentendu où nous sommes plongés de tout ce qui importe à l'existence tant de l'homme que du citoyen, *tant de ce qui est de liberté ou de franchise que de ce qui est d'ordre ou de législation*; armes dangereuses en des mains inhabiles ou malavisées. Cependant ayons le courage, aussi bien elles sont à notre disposition, et nous voyons de tristes exemples. Avant d'entrer en lice, il s'agit de savoir si l'on veut combattre pour l'esprit ou pour la matière; pour le dévouement, la générosité, idées pures, intérêts éternels et généraux; ou pour l'égoïsme et la convoitise, passions mesquines, intérêts présents et restreints. Or, quelle passion plus étroite, quel intérêt plus restreint que la *distinction*, c'est-à-dire la *séparation du commun*, et de source féodale, empirique? Et cette sorte de distinction, objet de tant de manœuvres et de stratégies pour les uns *légitimes*, pour les autres *constitutionnelles*, — on se pare toujours des plus belles et plus nobles apparences — elle est de pouvoir se faire considérer moins dans sa personne que dans sa chose; d'influer sur tout, de disposer de tout; elle est encore d'en imposer au commun, le retenir à sa place naturelle, et conserver la sienne propre qui fut un jour conquise : c'est-à-dire emportée de haute lutte dans le conflit des traditions, des prétentions, des droits acquis, des droits à naître, des armes et des capitaux.

Il est des hommes qui se donnent tout à cet esprit de distinction et tout à ses droits. Quant à ses devoirs, ils les lui rendent le plus possible faciles et aisés. Ces généreux défenseurs du privilége obtenu de manière ou d'autre — soit de naissance, soit de fortune — sont précisément les hommes d'armes dont nous avons parlé. Que gagnent-ils à cet œuvre ? d'être distingués entre les privilégiés eux-mêmes. Et la chose est assez belle : l'ambition satisfaite, avec elle, l'envie de diriger les classes d'élite et de commander à leur action, à leur politique.

Ayons quelque peu mémoire des temps antérieurs, et examinons les circonstances présentes. Comment se sont produits les jésuites sous la Restauration, sinon comme les docteurs du droit divin en faveur du nom , de la qualité, de la noblesse et du roi? Comment aujourd'hui se caractérisent et se font connaître les doctrinaires , sinon comme les docteurs du droit naturel en faveur de l'argent, du négoce et du roi?

Mais il faut bien le remarquer : la Royauté est sans doute pour l'une et pour l'autre milice une pièce nécessaire, indispensable pour leurs échafaudages; mais quoi qu'ils fassent et quoi qu'ils disent, ils ont beau saluer et bénir , *elle est pour eux la pièce dernière.* Absolument comme la clef d'une voûte. — Ils l'ont dit et écrit eux-mêmes : « La royauté est la clef de voûte de l'édifice social. » — On la travaille, on la sculpte, on attire sur elle tous les regards, il semble que ce soit la pièce importante, la seule considérable; cependant le fondement de tout, la base du système, se cache, se dissimule, est enterré. C'est à ce fondement réel de l'échafaudage social, soutenu par deux coteries de docteurs réunis aujourd'hui dans le même intérêt, que nous voulons faire porter l'attention. Les jésuites et les doctrinaires sont en effet d'habiles gens et fort adroits, dont le désintéressement n'est pas assez connu. Les discours savants ne sont rien, et les actes sont tout. Ils s'effacent et exaltent la royauté, pourquoi faire ? et quel est leur but ? Serait-ce pas lui faire porter la responsabilité de leurs manœuvres, comme sous la Restauration ? Il y a loin de tous leurs travaux à l'édifice constitutionnel et *monarchique* que nous appelons de tous nos vœux.

Nous le répétons, un mouvement a eu lieu depuis vingt ans. On a fait comprendre aux gens grands de naissance qu'ils ne pouvaient rien faire tenir, qui fût solide et quelque peu durable, sans les gens pesants de fortune. Force a été de se joindre à eux, ou plutôt de les admettre sur son terrain, de partager avec eux les avantages d'une bonne position sociale et avantageuse, appuyée d'un côté sur le prestige et de l'autre sur l'argent. De sorte que le tout compose une masse à la fois pesante sur le vulgaire et éblouissante à ses yeux, dont l'aspect est brillant peut-être, mais non la tenue noble, digne, généreuse et magnanime. Longtemps peut-être on sera lié, attaché à cette masse, à cette cohue d'intérêts matériels et puissants; parce que rien encore n'est solidement constitué—ni droits, ni devoirs ne sont définis—et qu'elle résiste à toute *constitution* normale et à la fois *libérale* de tout ce qui doit aider d'une part à la philosophie, à la pensée contre laquelle elle combat, et de l'autre à l'art, à l'industrie dont elle dispose et profite tout d'abord.

L'architecture du monument en question est faite, c'est-à-dire l'échafaudage sur lequel repose cette masse dont nous parlons est établi. On procède, aujourd'hui que l'on est tranquille, que l'on prospère et que l'on est heureux, à un mouvement d'épuration : c'est-à-dire que l'on sculpte, que l'on finit, que l'on termine.

Nous demandons que l'on aille vite, le plus vite possible : quand le monument se montrera dans toutes ses beautés, dans tous ses mérites et dans toutes ses grâces, il sera plus facile à comprendre, et on lui rendra plutôt justice.

Ce changement de 1827 à 1847 est grand dans les faits, il est nul dans les idées. Alors c'est donc le même combat à livrer, c'est la même lutte à organiser, mais plus courageuse encore et plus hardie. La patience est nécessaire peut-être, mais alliée à la fermeté, à la conviction. Bien des années encore se passeront dans les malentendus et les gaspillages de pensées qui font le seul profit des gens que nous signalons, il faut s'y attendre et ne pas faillir.

En dehors d'eux, gens *probes et libres*, comme ils s'appellent, il y a la classe nombreuse, essentielle de la nation, à commencer par le simple bourgeois, fabricant ou artisan, jusqu'au dernier des prolétaires, vivant au jour le jour au gré de ses patrons. Et cette autre masse est contrainte, sans liberté réelle, sans garantie pour ses droits ; ne disons point politiques, ils lui sont indifférents, mais pour ses droits sociaux : sans garantie pour son travail. Ce travail lui est pénible, triste, malaisé, ne lui présentant d'ordinaire ni fixité, ni sécurité ; et il peut se faire, nous le croyons du moins, qu'il lui soit aisé, entrepris avec confiance, surtout rétribué avec justice.

Visitez une ville industrielle et manufacturière, Lyon, Rouen, Reims, Sédan et autres semblables, restez un peu, et vous entendrez comme une longue plainte, mais sourde et patiente, sur le malaise et les difficultés du petit commerce et de la médiocre industrie. Sur eux pèsent toutes les charges publiques ou sociales: n'aspirant pas, ne pouvant aspirer aux emplois publics, et ne jouissant pas la plupart de droits politiques si précieux aujourd'hui pour certains intérêts, il n'y a point pour eux de compensation : ils sacrifient beaucoup , et ne retrouvent point. Il y a plus : les ouvriers qu'ils emploient, d'un côté, commandent et sont exigeants; les négociants, de l'autre, dont ils dépendent, sont si impérieux, si exploitants ! Tout les contraint et les abîme; ils cèdent, et pour faire place à *quelques* grandes entreprises produisant mieux peut-être, et à meilleur marché; mais aussi, dans le triomphe, et multitude d'ouvriers se présentant, disposent des salaires à leur gré, font baisser la main d'œuvre, et sont maîtresses de toutes les affaires (1).

----

(1) De sorte qu'à la fin, ouvriers et petits fabricants, petits entrepreneurs , petits producteurs et petits propriétaires sont les victimes.

Visitez encore les départements agricoles, les vignobles surtout, une des richesses de la France, les deux tiers et demi des propriétaires, petits la plupart, *accablés* déjà par les *impôts*, sont écrasés *sous l'usure.* —Que faire, s'écrie-t-on de toutes parts, sans nuire à la liberté? — Sans nuire à la liberté, écrions-nous à notre tour! mais si celle des uns empêche et détruit celle des autres, il y a lutte. Alors n'est-ce point au Gouvernement à y mettre ordre? non pas assurément par des règlements de *police* qui vexent et contrarient d'ordinaire sans compensation, et souvent ne témoignent de rien tant que de l'impuissance et de l'*abdication* des hommes préposés aux administrations publiques, mais bien par des lois *constituant*, arrêtant les uns qui abusent, et laissant les autres libres, qui ont besoin d'air et d'espace; *réglant enfin le commerce pour laisser au travail seul sa franchise et sa liberté.* Nous sommes loin de ce régime, et ne l'indiquons que pour l'opposer, comme utopie sans doute, mais aussi comme résultat de pensées et de réflexions sérieuses, à ce qui se fait et se pratique constamment autour de nous. C'est assez évident : tout dans l'industrie est pour les hommes d'affaires et de bourse; tout pour les traitants, agioteurs et spéculateurs. Et pour nous, si l'on nous permet cette expression vulgaire, *c'est le monde renversé ;* c'est-à-dire le contraire de la raison, le contraire de la justice.

Cependant dans ce malaise réel, dans ces difficultés certaines de la meilleure industrie, celle du grand nombre, on travaille, on travaille beaucoup, les pièces officielles en font foi. Pour qui sont les profits? voilà la question, toute la question. Comment se partagent-ils? à quelle loi de répartition obéissent-ils? Qu'un ministre vienne à la tribune dire par exemple : « Nos exportations se sont accrues de tant, donc nous sommes en prospérité. » Oui, et il n'y a pas à se tromper. Mais est-ce à dire que vous soyez à la prospérité publique comme le thermomètre à la chaleur : le point de mire et de calcul? Il n'en est rien. Permettez-nous alors de trouver votre appréciation pour le moins absurde. Dites: nos exportations se sont accrues considérablement, donc on travaille considérablement; à la bonne heure. Mais si la population est considérable, il faut bien que le travail le soit, autrement comment vivrait-elle ? Vous la savez bien forcée à un travail sans relâche, et cela entre dans votre système politique, en fait la base, et vous l'avez proclamé assez haut. Et de ce qu'une population est nombreuse, travaille de force et beaucoup au-delà de tous les moyens de débouchés et de consommation, peut-il résulter quelle soit heureuse et prospère? Voilà la question difficile, sur laquelle on ferme généralement les yeux, l'Opposition comme le Gouvernement. Il paraît que c'est dangereux. Mais ce danger pour qui donc est-il? Vous voyez bien que sur tout il s'agit de s'entendre. En même temps où vous donnez le chiffre des exportations, que ne présentez-vous aussi en chiffres la loi équitable, juste et *libérale*, (1) vous comprenez, selon laquelle

---

(1) Le mot libéral a deux sens, et c'est là le malheur de nos langues modernes, et des peuples aussi qui se prennent aux mots, se paient de phrases, et se laissent

les produits de ces exportations se répartissent et se divisent ; ce serait plus intéressant et moins banal.

Il y a de ces questions que l'on ne veut ni examiner, ni résoudre. L'Inquisition autrefois ne voulait pas que la terre tournât. Les Conservateurs aujourd'hui ne veulent pas que le peuple et la petite bourgeoisie soient en souffrance, travaillent durement, sans sécurité et souvent avec perte.

On aime mieux se livrer, mettre ses talents et ses moyens à des questions de pure discipline ou plutôt de police entre gens favorisés.

Nous croyons ici devoir remarquer une chose : c'est qu'en somme tout le talent des hommes que nous voulons caractériser et signaler convenablement, de manière qu'ils soient une bonne fois reconnus, et qu'il n'y ait plus à se mé-

---

conduire par ce qu'on appelle l'éloquence, qui n'est souvent qu'illusion et fantasmagorie.—La théorie de libertés sans garantie, sans Législation, prennent l'un, celle au contraire de Liberté publique et générale résultant de la Législation et de la Constitution doit prendre l'autre et s'y attacher.

prendre, tout leur talent, disons-nous, ne con-
siste qu'à étayer des raisons les meilleures et
les plus spécieuses les produits du hasard, à
lui donner raison, s'il se peut, ou au moins une
apparence. Ils y arrivent, mais c'est au prix
d'une lutte continuelle, incessante, contre *le
sens commun*, la justice. Ils sont nés pour cela :
lutter, combattre est leur œuvre. Dans une
semblable condition, le moyen de ne pas s'é-
tourdir et ne pas se fourvoyer ? Et quand nous
parlons de discipline et de police entre gens
favorisés, il est facile de reconnaître l'épuration et la sculpture de cette masse, de cette
cohue échafaudée, dont plus haut nous avons
esquissé quelques traits.

La question de l'enseignement est une de
ces questions de police ou de discipline, nous
l'examinons plus loin et de façon toute spéciale
dans une digression importante, où nous trai-
tons avec soin des prétentions et des tendances
opposées de l'Église (1) et de l'État.

____

(1) L'Église, en tant qu'Hiérarchie catholique,
l'État en tant que corps préposé au Gouvernement.

Que font-ils en réclamant si hautement et si violemment la liberté d'enseignement avec la liberté religieuse, qui impliquent en vérité et la liberté de conscience et la liberté d'examen : c'est-à-dire toute entière et sans réserve la liberté de pensée, d'opinion et de croyance ? Ils tombent dans le *protestantisme*. Cependant ils maudissent la liberté des cultes. Qu'est-ce à dire ? nés pour la guerre, la guerre les confond et les abîme. Nés de la liberté pour lui résister et contrevenir à son action,—c'est de notoriété publique : les Jésuites datent de la réforme, de Luther et de Calvin. — aujourd'hui ils l'embrassent, c'est pour la trahir. Il faut se mettre en garde et ne point se laisser surprendre. La forme pour eux est tout, c'est-à-dire le *temporel*. Quant à l'idée, au sentiment réel, que leur importe ? La Religion pour eux est toute dans le culte, les images et les cérémonies.

Et c'est dans les temps que le Luthéranisme, c'est-à-dire le germanisme, la liberté de penser et de croire par excellence, cherche une règle à ses rêveries, à ses imaginations, à ses

doutes— témoins le synode récent de Berlin e;
les agitations religieuses connues sous le nom
de Rongisme, qui en émettant des doctrines
vraiment constitutionnelles et nationales, pro-
testent elles-mêmes du besoin d'unité dans le
culte et de souveraineté dans la religion—que
le Catholicisme en France, sous la direction
avérée des Jésuites, se met par ses propres
théories en dissolution morale et *spirituelle*.

Il ne conserve plus que le nom, la forme et
la hiérarchie. Pas de doctrines, du moins *religieuses* dans la véritable acception du mot,
il n'y a plus que des intérêts. N'est-ce pas alors
comme dans la politique où, sous la direction
patente des doctrinaires, aujourd'hui que les
intérêts matériels, dont ils ne sont en définitive
que les *agents moraux*, sont arrivés et satis-
faits, il est admis que les opinions sont vaines
et les affaires seules importantes.

Le Spirituel et le moral en Religion sont
donc aux jésuites ce que sont aux doctrinaires
en Politique le Constitutionnel et le représen-
tatif : la forme, le dehors, le semblant sont
tout ce qu'ils veulent et *conservent.* Ajoutons

rapidement l'Inviolabilité du roi est aux uns ce qu'est aux autres l'Infaillibilité du Pape. Des précautions, des fictions nécessaires peut-être, mais en fait à eux seuls et spécialement utiles (1) Dire le Roi inviolable, et le Pape infaillible, et leur faire porter en même temps toute la responsabilité tant de la politique que de la

---

(1) On l'a bien vu sous la Restauration, et aujourd'hui encore on le sent. La différence est des Jésuites aux Doctrinaires. Les uns se sont substitués aux autres d'abord, et après 15 ans on se donne la main. Les Doctrinaires comme les Jésuites peuvent être appelés les produits, les enfants de la Liberté, les uns et les autres en résultent, en sont la conséquence. Mais, comme ces enfants dénaturés que n'épouvantent pas un parricide, ils attentent à leur origine, ils vont et agissent contre leur principe. Les uns et les autres nés de la liberté, en l'interprètant à leur manière, l'assiégent et la corrompent : faites et agissez, disent-ils, comme vous le voulez dans la vie privée, particulière, nous vous *délierons,* nous vous *autoriserons* ; (la confession d'une part et la centralisation administrative de l'autre) mais dans le public, croyez et faites en religion d'une part, pensez et agissez de l'autre en politique comme nous le prescrivons. Soyez enfin dans le public tout à notre discrétion.

religion existantes est fort adroit et fort habile. Le peuple, le commun, le vulgaire plus d'une fois s'est mépris. Et telle famille, telle dynastie est tombée, qui a porté la peine de résistances, de manœuvres et d'efforts injustes dont en conscience elle était innocente, et devait être justement absoute.

Bourgeois travailleurs, voilà vos ennemis, voilà les hommes contre lesquels il faut lutter, et lutter avec courage. Ils ne sont forts que de mots et de paroles, ils manient le discours avec adresse, la dialectique fallacieuse avec habileté. Dans le désordre d'idées où nous vivons c'est si facile ! Quand le fonds ne se compose que de malentendus, on se prend à la forme ; et voilà pourquoi les grands orateurs *de la chaire* et *de la tribune* sont tout de nos jours aux yeux des gens qui aiment à s'ébahir, qui voient et comprennent tout aussi dans une pose, une contenance, un cri, un geste ou un accent.

Avec eux, s'ils triomphent et s'ils viennent à bout de leurs efforts, de leurs tendances et de leurs entreprises, la Constitution d'une part se réduit à une centralisation exploitante, la

Religion de l'autre a une hiérarchie fastueuse : Des villes alors, *des parcs*, mais point de cités; *des troupeaux*, point de peuple ; des dévots, point de fidèles ; des bourgeois, point de citoyens; des maisons, point de familles; *une royauté et point de monarchie :* point d'unité dans le pouvoir et de souveraineté précise.

Ces hommes, ces docteurs sont *libéraux* nous l'admettons, mais dans quel sens ? Ils demandent des libertés, mais pourquoi, pour quel usage, quel est leur but ? Tel est le fond de toutes les questions politiques, religieuses et industrielles si controversées aujourd'hui.

D'une part, la liberté des prêtres dans la religion, au temporel comme au spirituel, (1)

---

(1) La Religion même a son temporel. En effet la piété, la dévotion, le culte, tout ce qui enfin est du domaine religieux proprement dit, c'est-à-dire du domaine sacré, sont des choses complexes : se composant d'une partie, qui est d'ordre privé, de droit particulier, c'est le spirituel, c'est la pensée ou plutôt la conscience; et d'une autre, qui est d'ordre public ou de droit général, c'est le temporel, c'est-à-dire le culte, les pratiques et les cérémonies.

la liberté des hommes d'église n'est pas celle des fidèles, c'est-à-dire la seule et vraie liberté religieuse ; la liberté des négociants dans l'industrie, la liberté des gens de

---

Or qu'est-ce que le Clergé, si ce n'est un corps public préposé au culte, instituant des usages et *proposant* des dogmes, des croyances, c'est-à-dire en droit public, en raison civile ou sociale, comme on voudra, (on a tant analysé, partagé, scindé, coupé, corrompu, que l'on a une multitude de mots pour exprimer les mêmes choses) un corps présidant à la partie de la religion qui est d'ordre, et d'ordre public.

Maintenant que le clergé ne veuille point se borner à *proposer* les dogmes et les croyances, à les proposer à l'acquiescement et au consentement des fidèles, au contraire veuille les *imposer* sous des peines déterminées plus ou moins sévères selon les temps (voir l'Histoire de l'Inquisition, de Philippe II d'Espagne et de Louis-XIV de France sur la fin de son existence, quand il fut à la discrétion d'un le Tellier, d'un P. Lachaise) et plus encore veuille mettre absolument hors la loi ecclésiastique et religieuse tout individu ne participant point aux pratiques de l'Église et du culte, c'est, il nous semble, *forcer* ce qui est de droit privé, c'est-à-dire de liberté dans la religion, c'est faire œuvre de despotisme, c'est ne vouloir point de l'obéis-

3

commerce et d'échange, n'est pas celle des fabricants, gens de travail et de production ; la liberté des députés ou électeurs dans la politique ne constitue pas celle de tous les citoyens.

D'autre part, la liberté des cultes n'est pas et ne constitue pas celle de pensée et de conscience (1) ; la liberté du commerce, des ma-

---

sance sincère, à sa place nécessairement l'obéissance simulée, maniaque, hypocrite et sans bonne foi.

Maintenant encore ne point se tenir dans ce qui est spécialement de religion, ou d'ordre public dans la religion, et corps participant de fait et nécessairement au Gouvernement, à l'autorité publique, et devant concourir à l'ordre civil ou social, prêcher, prôner la doctrine vague de la liberté pour envahir une spécialité qui ne lui est pas propre, l'Enseignement, (l'objet, le but doivent être ici bien plutôt nationaux que particuliers et humains; et l'humanité d'une part, l'individu de l'autre sont les objets naturels et nécessaires de l'enseignement et de la direction ecclésiastiques), c'est abuser de son caractère, c'est le profaner à notre sens, c'est se mêler très malheureusement aux choses profanes, quand le maître divin dit expressément : « Mon royaume n'est pas de ce monde. »

(1) Il y a ceci à remarquer : que les Jésuites au-

nutentions, des échanges, n'est pas et ne constitue pas la liberté et la franchise du travail, de la production, et de l'industrie proprement dite ; enfin la liberté abandonnée aux *fonctions* politiques et religieuses, ou aux *influences* industrielles et sociales, ne constitue pas celle des particuliers en grand nombre et en dehors d'elles, des administrés enfin, toujours, selon l'ancien esprit de gouvernement, *subordonnés* à elles, trop souvent et trop constamment exploités par elles.

Entre les unes et les autres Libertés dans chaque ordre : Religion, Industrie, Politique, il faut choisir, si l'on veut être franc, précis et

---

ourd'hui en France prônent les libertés prétendues *religieuses* d'association et d'enseignement (voir les feuilles de l'Univers) parce qu'ils espèrent arriver avec elles à la prépondérance exclusive du culte romain, c'est-à-dire de leur influence et de leur domination propre, et que nous constitutionnels serons amenés un jour à vouloir tous l'unité de culte, pour arriver à une réelle liberté de conscience sans subterfuge, sans mensonge et sans danger.

net tout à la fois. Les moyens termes, impossibles à la raison, sont cependant soutenus, défendus par ces docteurs que nous signalons.

OEuvre triste, œuvre difficile auquel *l'Esprit français*, s'il était libre et point écrasé, se refuserait avec ardeur, avec énergie. Mais nous sommes fatigués, malades ; et ils prennent de la liberté posée vaguement, jetée en l'air, comme dit le peuple, ce qui est à leur convenance ; ils prennent *des libertés* celles qui vont le mieux à leurs intérêts : intérêts de *tradition* d'une part, ou de conquête consommée, ancienne ; de *spéculation* d'autre part, ou de conquête non encore assurée, toute actuelle et présente.

Mais le régime des libertés, *comme en Angleterre*, n'est pas *le règne de la Liberté*.

La Liberté publique et générale ne résulte et ne peut résulter que de la Constitution : *constitution* de toutes les choses et de tous les gens nécessaires à l'action générale du Peuple, à ses besoins, à ses droits, à son émancipation.

Et de quel côté penche la balance? du côté de

la Liberté, du Droit public et général, du côté
de la *Constitution*, ou du côté des libertés, des
droits divers et multipliés, des prérogatives? (1).

Bourgeois, fabricants ou artisans, c'est sur
vous que tout repose et que tout pèse, de vous
que toutes ces vieilles *institutions* politiques
religieuses et sociales, sans lien, sans principe
commun, contrastantes, concurrentes et diverses,
encore animées de ce vieil esprit féodal et empirique, certes bien éloigné, bien ennemi de cet
esprit nouveau de gouvernement, c'est-à-dire
l'esprit *libéral* et émancipateur, tirent le principe
de leurs mouvements et l'aliment de leurs forces.
Si vous voulez rétablir l'équilibre, que ceux de
vous qui participent à l'action politique choi-
sissent des hommes dont la valeur n'ait rien
de fantasmagorique, au contraire simples et
aisés, patients dans les efforts et solides dans

---

(1) Les particuliers veulent que tout penche de leurs
côté, le pouvoir tout du sien. Comment reconnaître et
saisir le point fixe, le point d'équilibre? où le trouver?
Voilà la difficulté. Cette recherche est l'œuvre du désintéressement et de l'indépendance.

la forme. Il en est plusieurs dans la gauche que vos ennemis avec audace insultent et outragent ; ils parlent, ayez confiance, ce sont des hommes sages (1).

---

(1) Quand, dans un parti, une fraction se dit *jeune*, il faut bien que l'autre soit appelée *vieille* ; mais enfin il faut se rendre compte, et cela mérite bien d'être examiné.

Nous péchons tous par l'inconséquence, l'emploi aussi de mots à double sens, à sens multipliés, divers ; et c'est ce qui éternise nos désaccords et fait le succès et le profit des hommes injustes dans le Gouvernement, qui ne veulent que se distinguer, gouverner à leur fantaisie.

Nous essayons de prouver que les libertés, fussent-elles publiques, ne *constituent* pas la liberté, au contraire l'empêchent et n'en sont que le mensonge ; que pour être vraiment libéral, il faut se donner à la Constitution, se fier à elle, et la développer. Mais constitution de quelles choses et de quelles gens ? c'est là la difficulté, c'est encore ce que nous essayons d'indiquer et de faire pressentir, sans rien déterminer ni trancher.

Deux points seulement nous osons préciser : l'unité de culte pour avoir une liberté religieuse et de conscience réelle ; *l'organisation du commerce,* pour avoir

La politique que vous connaissez : ce désintéressement, cette abnégation vis-à-de l'étranger,
(1) cette *libéralité*, cette justice à l'intérieur ce

---

une liberté industrielle et de travail sans supercherie,
sans mensonge.

Alors, nous trouvons que la Gauche *constitutionnelle*
qui s'attache à la liberté des cultes et refuse la liberté
d'enseignement ou la liberté des enseignements, ce qui
est identique, manque de logique et de conséquence ;
que la fraction de la Gauche, qui se dit jeune, et qui
s'attachant aussi à la liberté des cultes, ne redoute
point la liberté des enseignements, et pousse son appétit de libertés jusqu'à la liberté des échanges tant
intérieurs qu'extérieurs, sans craindre de se fourvoyer, en a trop, est beaucoup trop conséquent e
beaucoup trop logique; jusqu'à se livrer à tout le régime politique anglais, et se jeter et se perdre dans la
féodalité en principe et en action. Chose alors, comme
il est facile de le sentir, qui fait aujourd'hui l'envie et
l'espoir des hommes que la Révolution, et la Constitution son ouvrage, avaient vaincus, presque écrasés.
La chute de l'Empire a été positivement la source
de leur renaissance, et la Constitution est à son
tour abîmée, écrasée.

(1) A Rome d'une côté, et de Rome à l'absolutisme autrichien, l'absolutisme du prestige, par l'esprit

bon ordre partout dans les idées et dans les intérêts; les ennemis qui sont constamment ici l'objet
de notre attention, ils disent que c'est la vôtre,
que vous en êtes les fauteurs. Cependant, à
bien examiner, ils ne disent point vrai : car
enfin, si l'on vous paye aussi cher, au mépris
des droits réels de l'Etat, le sacrifice de vos
opinions, c'est que l'on tient beaucoup à faire
prédominer une politique qui, en conscience,
ne vous appartient pas. Il est en effet une chose
étrange : ceux-là même pour qui la politique
doctrinaire et conservatrice a des faveurs et
des préférences sont ceux qui le plus violemment peut-être, du moins le plus fastueuse-

---

ultramontain, par le Clergé ; à Londres d'autre côté,
et de Londres à l'absolutisme mercantile, l'absolutisme
de l'argent et de la fortune, par l'esprit anglais, par
le Négoce ; nous sommes liés, inféodés. Quand, entre
les deux, l'esprit français, renaîtra-t-il ?

Les mariages espagnols peuvent-ils bien être comptés
pour un réveil, ou un mouvement d'ambition de la
part de la France ? et l'ultramontanisme ne nous a t-il
point poussés de ce côté ? L'intervention alors a changé
de nature, mais elle est réelle et faite dans le même
esprit peut être qu'en 1823.

ment, accusent le pouvoir, non pas dans son esprit, ils n'ont garde, mais dans ses actes, et quand, après négociations, ces actes sont accomplis.

Il semble qu'il y ait entre le pouvoir et les gens qu'il préfère comme un échange d'arguments, un partage de moyens : faire usage d'abord des passions et des intérêts bourgeois, les flatter, les nourrir ; puis après, par des voix secrètement amies, les accuser, les flétrir, et décharger ainsi sur le dos populaire une honte d'ailleurs si précieuse en fait, et fort utile à eux seuls. Le fin de la politique est là ; et pour les gens habiles, le fin c'est le grand, c'est le noble.

Oui, un partage de moyens, allant au même but par des voies diverses : charger la bourgeoisie moyenne et empêcher celle inférieure. Ce n'est assurément point à celle-ci que peut profiter une politique de paix obstinée, en dépit de tous les mépris et de toutes les hontes. En effet, il faut aux classes hautes, aux grandes influences morales de la France, avant d'oser être dignes et se montrer résolues, *refaire* préalablement chez soi une position chancelante, sans fixité, sans assise : combien de choses avec lesquelles on est obligé de compter ! La lutte par les armes ? au dehors ? on court trop de hasards , il faut appeler trop de monde à soi ; la lutte à l'intérieur par les mots et les paroles est plus facile et plus sûre, et d'ailleurs importe davantage : on a plus facilement embarrassé , lié les esprits avec des idées vagues, nuageuses, illusoires, qu'enfoncé une cohorte ennemie.

Telle est la réalité, bourgeois industriels ; on vous vend d'une main ce que de l'autre on reprend, et vous restez seuls, comme boucs émissaires et souffre-douleurs, qu'on nous passe le mot, de la politique régnante. Où est le profit? Il faut aviser.

Mais comment, direz vous, résister aux offres, aux séductions, aux avances du pouvoir? il nous prend par nos faibles , nos passions , nos appétits. Que faire? Avoir de la fermeté, de l'énergie, du caractère ? Mais on nous dit : «Ce « sont des niaiseries, des sottises, tant de vertu « est inutile. Vous voulez être riches, vous dis-« tinguer du commun, tenir des emplois con-

« sidérables et considérés, occuper des postes
« imposants, recommandables — les choses
« avant les personnes, ce doit être ainsi — à
« qui vous adresser ? Ne vous faut-il pas notre
« *autorisation ?* Le bel avantage que l'assen-
« timent intime de votre conscience ? à quoi
« cela peut-il vous conduire ? et le désinté-
« ressement, qui vous en saura gré ? L'appro-
« bation de soi-même et l'estime de soi sont
« choses peu plaisantes et fort tristes, quand
« il faut, pour les obtenir, sacrifier tous ses
« intérêts personnels et privés. » Oui, et ils
vous séduisent, le courage vous manque. Comment en serait-il autrement ? vous ne songez
qu'à vos états particuliers, à vos personnes, à
vos familles. Ils disposent de tout, ils retiennent ou ils cèdent selon que vous leur êtes
contraires ou dévoués, mais encore, êtes-vous
libres de vous rendre ou de résister ! Qu'est-ce
à dire ? mis en demeure comme vous êtes entre
les rigueurs du fisc et *les faveurs* du pouvoir,
osons-nous bien vous rappeler le mot sublime
de liberté ? Poussé alors dans cet impasse, il
n'y a qu'un moyen de passer outre et de s'af-

franchir : ce serait de réunir ses forces, de se reconnaître, de se soumettre à des lois, de se *constituer*. Alors seulement, en agissant avec ensemble, et obéissant à quelque bonne discipline, il serait possible de se *libérer*.

Se constituer! mais les Jésuites sont d'un côté, et tiennent plus à la croyance, au dogme qu'ils prescrivent, et choses essentiellement de liberté, qui divisent, qu'à la morale qui réunit et rassemble et a sa sanction naturelle dans le cœur de tous les hommes. Les Doctrinaires de l'autre, et tiennent plus aux intérêts qu'ils déterminent et surexcitent, dont ils disposent et sont maîtres par la centralisation administrative, qu'aux opinions, aux idées dont la communication libre et l'expression franche les inquiètent et les troublent. Et les intérêts chez les individus viennent de l'état, de la position, de la personne, tous principes de division; les opinions, au contraire, fruits de la réflexion intime, naissent de la conscience, principe de cohésion et d'union. Comment donc les uns ou les autres nous pourraient-ils aider à nous nous réunir, à nous *constituer?*

Se soumettre à des lois ! mais c'est il nous semble, l'objet de ces réformes parlementaires et électorales proposées par les hommes sages de la gauche — les incompatibilités, le vote au chef lieu — se soumettre à des lois dans le champ de l'indépendance et de la liberté, ce n'est point perdre cette liberté, c'est l'assurer et la garantir. En effet, se refuser à soi-même et refuser à des gens d'affaires intéressés un usage abusif de cette liberté, c'est se contraindre pour rester libre : car certainement l'excès et l'abus ne sont que causes de ruine et de corruption.

On a d'abord voulu empêcher que certains courtisans fonctionnaires privés eussent davantage la hardiesse de se poser comme des représentants libres de l'opinion. On les a présentés au grand jour pour ce qu'ils sont : ne portant aucun respect à une Constitution dont l'esprit embarrasse, ils la faussent et la dénaturent. Ce sont ces intermédiaires plus ou moins intéressés qu'il faut attaquer : aussi bien ils en appellent à un excès, à un abus de nos libertés, pour nous perdre un jour et nous confondre. Déjà le mal se fait sentir, il approche, peut-être est-il temps encore de lui résister ?

Contraint un peu dans les développements particuliers de sa personne ou de sa famille, il est malgré tout possible de se tenir ferme sur le terrain de l'indépendance. Et l'indépendance, c'est la liberté et l'égalité tout ensemble : la liberté est le droit, et l'égalité le devoir. Sommes-nous du monde uniquement pour faire fortune? nous poser, nous hisser les uns par-dessus les autres, et écraser ainsi les petites gens du dessous qui n'ont pas les moyens ou les facilités de s'accrocher à la balance, *y influer, y peser*. Est-ce que se tenir tous les uns à côté des autres, à peu près tous sur le même terrain, n'est pas le plus sûr et le meilleur. Qu'importent tant d'arguments et tant de raisonnnements basés sur l'intérêt, dont la teneur, l'usage et les effets sont si bien étudiés, si bien appris dans les écoles, même ecclésiastiques? Le désintéressement et le sacrifice ont leur sagesse en ce monde, ont leur mérite je leur récompense. Les sophismes et les hasards heureux du désordre n'y peuvent rien, ils ne peuvent qu'en disséminer, en diviser les forces. Et ces forces naissent du caractère et de la conscience. Mais tout de nos jours se fait comme pour atténuer le caractère, — étudier les systèmes d'éducation en faveur — faire taire la conscience. On aime à suivre des modes, à prendre des habitudes, à se subordonner les uns aux autres, à se distinguer par des manières, cependant ordinaires et répandues, presque communes: on ne fait généralement que se singer (1). Faites chez vous, dans le privé, ce que bon vous semble, mais en public faites par *convenance* selon telles coutumes déterminées, tels usages reçus; sinon point de relief, point de considération. Mais ce sont là les mœurs anglaises, elles ne nous appartiennent pas. Les Anglais ne sont hommes que dans le privé, partout ailleurs

---

(1) On ne comprend pas, on ne veut pas comprendre — tant de gens y perdraient — que la nature, dans ses variétés et dans ses contrastes, nous distingue plus les uns des autres que toutes nos fantaisies et tous nos caprices de société.

ce sont des machines, jouets et instruments de tel ou tel intérêt.

Faire en particulier ce que bon semble est facile, est aisé, avec *l'absolution* d'une part en religion, et *l'autorisation* de l'autre en politique; *à ces conditions toutefois*, que l'on se conformera en public à des pratiques données et distinctes et à une opinion prescrite, déterminée. Et voilà notre liberté: c'est-à-dire qu'à suivre nos passions et les écoutant et les consultant toujours (1), ainsi que nos intérêts personnels, nous sommes libres; mais à nous faire juges du vrai et du faux, du bien et du mal, du juste et de l'injuste, non. Est-ce ainsi que l'on veut un régime religieux et constitutionnel tout ensemble dans la société.

____

(1) Les Provinciales, et les Casuistes dont elles nous font connaître de façon si plaisante, si intéressante et si triste tout-à-la fois, les facilités offertes et les complaisances indiquées pour le péché et son absolution, sont restées sans réponse positive et nette, sans opposition bien caractérisée de la part des Jésuites accusés et compromis. On n'a pu convaincre Pascal de calomnie et de mensonge.

Qu'on le dise hardiment et hautement, ce sera plus franc, plus honnête et surtout plus digne.

Une heure d'agenouillement aux pieds d'un jésuite rachète dix ans de malhonnête vie et de dévergondage, ils ont le pouvoir de lier et de délier. D'autre part, une heure d'instance près d'un ministre doctrinaire et compétent (1) remet en grâce et fait nager dans les eaux pures du système, de la conservation ou de la doctrine, tel individu forcé à se vendre, qui vingt ans avait dédaigné quelque chose, comme ce qu'on appelle aujourd'hui *la probité et la liberté*, et qui est cependant le salut des bourgeois. En effet, dans l'inquiétude où ils sont d'être atteints ou contraints par une administration

---

(1) Origine du mot doctrinaire. Le mot est venu des Royalistes sous la Restauration. Ils l'adressaient à ces hommes qui ne mettaient en avant des principes, que pour en profiter, comme l'expérience nous le fait bien voir, et dont ils ne se servaient que pour la lutte. Tel alors est doctrinaire, légitimiste, catholique ou même constitutionnel aujourd'hui, qui ne s'en doutera pas et repoussera bien loin cette imputation. Que sont les hommes de la Gazette et de l'Univers ?

4

puissante, jalouse et tracassière, n'obéissant, comme toute entreprise privée, qu'à un seul principe, à un seul esprit, celui de gain et d'exploitation , ils aiment mieux se livrer, s'engager, qu'affronter le mauvais vouloir du préfet ou de ses subordonnés. Il a le pouvoir d'autoriser ou d'interdire.

On est dévot alors, on est conservateur, peut-on bien en même temps se dire *libéral?* Si, animé sincèrement de quelque esprit de générosité et d'émancipation, on était fort du droit et de la justice, ce pourrait avoir un sens. Mais dévot veut dire livre, conservateur, dans la doctrine des intérêts régnants, veut dire, selon le sens commun, non arrêté sans doute, mais borne et se posant comme un obstacle. Alors ils ne connaissent pas la grammaire, et ils se parent de la peau du lion. Le vrai libéralisme en effet, c'est-à-dire la *libéralité*, ne va bien qu'à la force; et la force pour nous, qui sommes citoyens, ce ne peut être un homme, un système ou une coterie, congrégation, c'est l'entemble aes lois, c'est la constitution.

La Constitution comme la Religion (1) ont toutes deux leurs formes, leurs pratiques plus ou moins sages, c'est le temporel ; et leurs intentions, leurs tendances plus ou moins droites et libérales, c'est le spirituel. On se dévoue aux unes ou aux autres. Qui tient tant à la forme et, selon les temps et les circonstances, ne veut point modifier ses coutumes et ses traditions matérielles, court risque de changer et de perdre l'esprit de la fonction à laquelle il est voué. On croit souvent lutter contre les accidents et les hasards de la matière sans cesse en mouvement, de la fatalité toujours changeante, et qui revêt sans cesse des formes et des apparences nouvelles, et au contraire on se laisse entraîner, emporter par elles.

Nous assistons à cette expérience. Croyant

----

(1) Oui nous opposons ces choses, selon l'esprit et l'habitude de nos adversaires, parce que, en effet, ce sont les termes extrêmes, précis et nets de la guerre intestine du Clergé contre l'État et contre l'Université, un de ses ministères *libéraux.*

être religieux, on s'abîme dans la dévotion : c'est-à-dire que penseur, homme de raison et de conscience, on se défie de soi et l'on ne se considère plus que comme une machine. Des gens en profitent, et d'autres, qui voient l'avantage, veulent les imiter dans la politique. Croyant être constitutionnels, on s'abîme dans la conservation : c'est-à-dire que citoyen, homme politique, on n'a pas confiance, on s'étourdit , *on trouve le poids trop lourd*, on abdique. Tout entier alors, tout dévoué à soi-même , on se laisse conduire et l'on se donne corps et âme à l'agiotage, au trafic, aux petites affaires et aux intérêts privés.

A une pratique fausse de la Constitution, une Religion toute de pratique et de forme doit être fort utile. Une religion scrupuleuse et sincère, et plus en esprit qu'en tradition, ne voudrait pas s'y accommoder. Elle aiderait à la protestation des honnêtes gens contre un régime corrupteur avéré, elle ne prêterait pas les mains elle-même aux transactions, aux manœuvres, aux stratégies électorales et parlementaires, comme nous le voyons, elle aurait crainte de s'entremettre , et consulterait davantage son caractère et sa dignité.

Il y a une manière de vie religieuse allant fort bien aujourd'hui dans un certain monde et, comme on dit dans ce même monde, *fort bien portée*. On a fait de la religion moins qu'un parti, c'est-à-dire une mode, une affaire de bon ton. C'est une recommandation aujourd'hui dans de certains salons, près de certaines dames. Et ces salons et ces dames, il est facile de s'en faire une idée, une représentation, ne sont pas de la bourgeoisie , surtout de la moyenne ; ils la dédaignent. Etre honnête , avoir du mérite ne suffirait pas pour y être présenté et reçu, il faut encore *avoir un nom*, une position sociale déterminée, convenue ; parler certaine langue particulière, être au courant des *nouvelles catholiques*. Autrefois, on s'enquérait avidemment des faits et gestes de la cour , aujourd'hui on s'enquiert avant tout de MM. tels et tels Dominicains ou Jésuites.

Maints jeunes gens, sortis à peine des écoles, vous soutiendront, d'après leurs chefs et directeurs, qu'il ne suffit point pour le salut d'être honnête homme, c'est-à-dire probe, équitable et juste, qui voudront avec cela, non point seulement de la piété, mais de la *dévotion.* Absolument comme pour être réputé probe et libre selon le système ou la doctrine, comme on voudra, il ne faut pas tant payer ses contributions régulièrement, remplir avec scrupule et en conscience ses fonctions de citoyen, comme juré, électeur, etc., mais plutôt se vouer corps et âme à sa spécialité, à sa chose personnelle et particulière. Ce n'est pas tout encore, agréer certain mot d'ordre, obéir à telle consigne, s'enrôler sous telle bannière, c'est-à-dire se vouer tout entier à la conservation. Que l'on dise si ces deux manières d'être en politique comme en religion ne s'expliquent pas l'une par l'autre, ne sont pas identiques, ne se prêtent pas main-forte.

Les Jésuites sont fort utiles, ils sont même nécessaires aux conservateurs.

Alors on a des fidèles dans l'un et l'autre ordre, des dévots, pour les appeler d'un nom plus significatif, c'est-à-dire des hommes dévoués, *libres* de passions et d'intérêt, il n'importe à ceux qui les mènent, mais certainement esclaves d'opinions et de croyances. Quant à des chrétiens, à des citoyens, ils ne sont plus il y a longtemps ; ce sont des choses antiques, de nos jours tout-à-fait hors de sens , ce sont des mots.

Pour terminer, disons quelques mots de l'enseignement des Jésuites ou de tout autre enseignement obéissant à leur direction ; parlons aussi quelque peu de leurs mœurs publiques , et nous croirons avoir jeté quelque lumière, bien faible sans doute, sur des questions premières , importantes et bien controversées ; mais nous prions de croire que nous avons obéi à un sentiment vif de ce qui pour nous est la vérité et dont nous sommes convaincus.

Qui n'a pas entendu parler de Fribourg, de Brugelette, de Juilly, de Senlis ? Vous peut-être honorables fabricants , artisans et bourgeois auxquels spécialement nous nous adressons, et il vous importe sans doute fort peu. Cependant permettez : il y a des gens qui vous diront que les colléges où vous mettez vos fils sont des écoles d'impiété et de mauvaises mœurs, et peut-être si l'on vous disait aussi qu'il y a des institutions à peu près libres (elles le seront probablement un jour entièrement si la *révolution* ne vient rien déranger) des institutions privées plus favorables, où les jeunes gens sont mieux soignés, les études plus faciles et les mœurs *plus surveillées, plus pures*, et que ce ne coûtât pas plus cher, vous vous empresseriez de vous instruire de tout cela et d'y envoyer vos fils. Mais la difficulté est réelle, il en coûte plus cher. Ici, chez vous, vous avez la faculté de les mettre en demi-pension ou externes; là bas, il faut les mettre en pension, et la pension est plus chère. Il en résulte que, si réellement l'éducation de ces institutions privées ecclésiastiques, le plus ordinairement éloignés de votre pays, est meilleure, plus favorable au caractère, plus *libérale* et plus appropriée aux accidents de la nature, aux variétés de dispositions et de génies qu'elle fait naître; si, loin de combattre cette nature en général, elle en reconnaît les tendances premières comme droites, et les instincts premiers comme justes; si elle l'aide, la soutient et lui donne des forces ; il en résulte, disons-nous, que tout ce bien, tout ce mieux de l'éducation, il n'est possible de se le procurer que si on a *de la fortune*, les moyens de les acheter, d'en payer les mérites et les frais ; que ce mieux de l'éducation n'est institué qu'à l'usage *des bonnes maisons*; enfin que vous autres en êtes nécessairement exclus. Alors, ou vous laisserez vos enfants au collège se saturer, s'infecter du poison dit universitaire, ou bien vous vous déterminerez à faire de vos enfants des menuisiers ou des tailleurs, plutôt que des avocats, *des doctrinaires*, des fonctionnaires ou des substituts. Les places et les emplois publics ne sont pas créés pour vous, on les réserve aux gens *comme il faut*, et bientôt ce sera une recommandation près du pouvoir qui en dispose, qu'une *éducation eclésiastique et distinguée*. On sort de là si docile et si bien dressé. Mais consolez-vous avec cette pensée, que menuisier ou fabricant industriel on est plus libre par le temps qui court, plus libre de ses pensées et de ses fantaisies morales dérivant la plupart de la raison et de la conscience (1), que substitut ou même abbé de paroisse. Le corps est gêné, mais l'esprit est libre. Il faut avouer cependant que, sous prétexte de *liberté morale*, il est dur d'être retenu de génération en génération dans la fabrique ou la mécanique, et de ne pouvoir s'élever aux nobles fonctions de juge, magistrat et professeur, ou même d'administrateur de compagnie industrielle et commerciale. On prospère si vite dans ces éminents emplois! Plusieurs de vous diront avec courage :—Oui, cela est vrai, mais si l'on prospère on ne mérite pas toujours, (aujourd'hui que tout s'obtient par brigue et sollicitations, le mérite est le plus souvent la conséquence de la prospérité, et il n'en est ni la

---

(1.) Qu'est-ce au fond que la guerre entre l'université et le clergé ; si ce n'est la division dans nos âmes, dans nos esprits, dans nos cœurs? La raison et la conscience ne font qu'un, c'est l'esprit droit de nature que nous portons en nous. Et cet esprit, personne n'y croit, ou plutôt ne le respecte : on l'assiège, on le violente, on l'abîme.

cause ni la garantie) et si dans notre position le corps est gêné et l'esprit est libre, c'est le contraire dans l'autre. En effet, la fatuité, la pédanterie, la vanité, l'insolence, souvent aussi l'égoïsme et la cupidité, sont toutes passions du corps qui alors se peuvent donner carrière; et l'esprit est lié, livré : c'est-à-dire n'a pas la faculté de juger librement du bien et du mal, il ne lui est plus permis de reconnaître le juste de l'injuste, le digne de l'indigne. Nous voyons cela fort bien en politique, et c'est la plus dure sujétion pour qui, avec la franchise, a de l'ame et du caractère. Vraiment nous aimons mieux être et rester artisans de père en fils. — Soyez artisans plutôt que fonctionnaires, très-bien : il n'y a rien à envier au sort de tant de mal- heureux qui , après avoir évité ce qu'ils appellent malignement ou aveuglément, il n'im- porte , le poison universitaire dans les institu- tions qui nous occupent, se croient d'une autre race, d'une nature autre que la vôtre, et tout fiers de leur *dignité naturelle*, à peine échap- pés des bancs, courent livrer leur esprit et leur cœur en échange de nous ne savons quoi positivement (1), et sont appelés *probcs et libres.*

Qui envoie leurs fils dans ces institutions salutaires et sanitaires, qui font en ce moment l'objet de notre examen? Les personnes qui ont le moyen, les gens notables.

C'est toujours cette agglomération, cette masse, cette cohue dont précédemment nous avons parlé, et n'est point une aristocratie. Composée d'éléments hétérogènes, comme nous l'avons précédement montré, d'élémens jaloux, contrastants, divisés par l'instinct, réunis par l'intérêt (2), rien n'y fera; et certaine réforme que des doctrinaires tout modernes appuient et réclament avec force du côté de la droite l'épurera peut-être, la réduira indubitablement, mais ne la changera, ne l'assainira pas. Quoi que l'on fasse, et quoi que l'on écrive, la noblesse, en France plus que partout ailleurs,

____

(1) Voir les Études administratives, et l'Ordre du jour du vicomte de Cormenin.

(2) C'est étrange, mais il faut songer que toujours dans un péril commun les corps ou parties d'un tout les plus adversaires et concurrents se réunissent et s'assemblent.

n'est plus dans les distinctions, dans les priviléges du nom et de la fortune ; elle est dans le dévouement , le sacrifice , et la satisfaction d'un devoir rempli, bien plus que d'un droit exercé.

Que ces messieurs nous le permettent, d'avoir les regards sur eux et de les considérer un instant. Oui, ce sont les gens notables qui désirent pour leurs enfants une éducation particulière et distinguée, en ce sens qu'elle ne soit pas l'éducation commune.

Qu'est-ce alors ? parler des droits des familles, des droits des pères sur l'éducation (1), si ce n'est en réalité nourrir cet appétit de distinction, et l'encourager, le faire développer. Pour cet œuvre, jésuites et doctrinaires se don-

____

(1) Plus loin nous établissons avec soin la différence essentielle à observer entre l'Education et l'Enseignement : celui-ci de droit public et national, l'autre de droit privé et particulier. La confusion des choses, et leur désaccord a toujours profité et profite toujours aux hommes qui ne veulent que gouverner, *diriger*, non point *libérer*, émanciper.

nent la main et se sont entendus. Des faits récents le prouvent et le démontrent; nous ne nous y appuierons pas. Les uns appellent et pratiquent, les autres poussent et applaudissent.

Touchant accord, concours admirable, noble dévouement à la plus noble, à la plus grande, à *la plus sainte* des causes : la cause du hasard de la fortune, et de la fatalité.

On veut absolument leur donner raison; la chose est difficile, et il faut en effet bien du talent, bien de l'éloquence.

Laissons aux petits bourgeois fabricants, artisans, boutiquiers, mettre leurs fils au collége dans leurs localités respectives; mais nous, nous gros bourgeois, nous mêler à cette petite bourgeoisie misérable? Fi donc! Cependant, messieurs, votre seigneur prince et duc d'Orléans, depuis notre roi, vous a donné jadis de nobles leçons et proposé de nobles exemples. Il mit ses fils au collége avec des épiciers et des bonnetiers. Ce fut un mouvement d'abnégation, de désintéressement et de véritable noblesse bien digne de vous édifier. La chose n'eut ni suite, ni durée. Com-

mênt veut-on ? *le commun* des notables —
le commun se produit jusque dans les classes d'élite — ne voit la noblesse que dans
une prétention heureuse, à bout de ses sollicitations et de ses efforts. On est riche, on a un
nom et tout est dit : on *ressort.* Il n'est pas
permis à tout le monde d'être noble, généreux
et *libéral* à la façon du duc d'Orléans.

Enfin, il faut le dire hautement, les doctrines nouvelles tant des jésuites que des doctrinaires sur la liberté des familles, le droit
des pères, la liberté de l'enseignement, tous
ces artifices et machines de *guerre sociale*
dont nous avons parlé, ne sont qu'appels fait
à l'esprit d'exclusion et de privilége, appels à
la vanité, à toutes les sortes d'égoïsme.

Ce n'est pas assez des doctrines ou du spirituel, tout le commun des notables ne se ren-
drait à ce système qu'avec indifférence ; il faut
aussi le temporel, c'est-à-dire les pratiques et
les procédés, le *confortable.* Si l'on a visité
un de ces établissements où l'on va s'instruire
à la fois et de la science sacrée et de la science
profane — dans Virgile les amours de Didon ,

et dans la Bible la chaste pudeur de Joseph, les odes d'Horace : *odi profanum vulgus,* et les hymnes et cantiques sacrés de Santeuil, — si l'on a visité, disons-nous, un de ces établissements ecclésiastiques, on doit avoir remarqué combien le *vivre* à l'usage des bonnes maisons est *administré, organisé* avec soin.

Que de précautions, que de prévenances ! Dans les colléges universitaires, le pain et la science sont appropriés, comme ils disent, aux goûts et aux habitudes du vulgaire, la nourriture du corps et de l'esprit ne répond point aux besoins, aux exigences des familles distinguées. Vous, gros bourgeois de la ville ou de la campagne, vous soumettrez vos fils à la nourriture du soldat, à une discipline presque *militaire* dans l'étude et dans les classes, vous irez vous mesurer avec des fils d'artisans et de mécaniciens, au risque de vous voir devancer par eux dans les compositions et dans les concours? Quelle folie! Venez chez nous, et tout sera approprié à l'état de vos personnes, à vos habitudes privées, à votre position sociale. Il y aura peut-être aussi chez nous quelque *discipline militaire*, mais plutôt dans les promenades, dans les excursions pittoresques, dans les exercices d'agrément. Nous marcherons, musique en tête et bannières au vent, nous aurons nos chants d'ensemble et nos concerts récréatifs. Alors, comme les mères sont enchantées ! plus de crainte pour la santé de leurs enfants, pour eux toujours les mêmes petits soins, les mêmes petites prévenances, les mêmes petits empressements.

Dans le privé, on a un mot bien significatif, le mot gâter, pour caractériser ce système d'éducation qui s'appliquant aux goûts matériels, plus encore qu'aux instincts moraux, trouve plus aisé de se subordonner aux caprices, et se compliquer dans les fantaisies de l'individu, que commander aux facultés morales, les servir et émanciper les esprits.

S'il est prouvé, s'il est constant, que l'enseignement ecclésiastique directement ou indirectement dirigé par les jésuites, et dans ces derniers temps indiqué, proposé par M. Guizot *à la liberté des familles*, flatte et entretien plutôt les goûts de distinction et d'exclusion, les prétentions politiques et les vanités sociales dans la génération notable du pays, qu'il ne lui prêche l'abnégation, le renoncement et le sacrifice, ou tout au moins *la libéralité*, à qui donc seront *ces vertus éminemment chrétiennes* proposées pour morale, et données pour enseignement ? Aux ouvriers, au pauvre monde. Et les jésuites encore se chargent de cette œuvre : ils organisent des congrégations dévotes pour les pauvres et les apprentis, mais d'autre côté encore ils enrégimentent les ouvriers, les prolétaires et les soumettent à la discipline ecclésiastique (1). Est-ce dans un esprit d'émancipation ou dans un esprit de contrainte ? Il y a de ces choses de notoriété publique qu'il ne

---

(1) On a parlé de l'enrégimentation et de la discipline militaire, on les a maudites au nom de la Bourgeoisie et des Notabilités, et on les a réservées pour le pauvre monde; mais l'enrégimentation et la discipline ecclésiastiques, libres et indépendantes du Gouvernement, ou plutôt de l'État, sont-elles donc plus constitutionnelles et plus *libérales*.

faut pas trop expliquer, trop développer : au
lieu de porter la lumière, on court risque d'af-
faiblir celle qui résulte naturellement des faits
connus, constatés, et de l'expérience acquise.
D'ailleurs la question est triste, et peut-être
serait-on entraîné à porter de ces jugements
irritants qui ne rassurent et n'éclairent personne. Nous ferons seulement observer que les
jésuites, en un temps, ont été accusés d'avoir
introduit près du sanctuaire le luxe, l'amour
de la représentation et de la vaine gloire,
et de les avoir ainsi sanctifiées et consa-
crées. Il n'est pas prouvé que ces accusations
aient été injustes. Quoi d'étonnant alors à
ce qu'ils aient octroyé spécialement à ces
fastueuses vertus catholiques le soin de la
charité, l'aient rendue ainsi, cette charité, toute
publique et officielle. La chose cependant,
d'après l'Évangile, était enseignée et prescrite
comme étant, au contraire, toute de mystère,
de discrétion et de modestie. Mais il s'agit bien
de l'Évangile, il s'agit de l'intérêt ecclésiastique,
et cet intérêt veut que tout se fasse au grand
jour pour l'édification des gens *mal élevés*, qui

osent mettre en doute la bonne foi et la piété des jésuites.

Si l'on voulait sincèrement être justes, *libéraux* (1) les uns envers les autres, si l'on *se dévouait franchement à l'esprit* de fraternité et d'égalité, qui réunit et cohésionne, avant de se donner à une théorie *de liberté* qui mal définie, vague et incomprise, ne fait que corrompre et dissoudre, ces gens qui aiment aujourd'hui le grand jour, parce qu'ils savent le parti que l'on peut tirer des paroles avec du talent et de l'éloquence, et parce que les cœurs et les esprits désordonnés, n'obéissant à aucune loi, se donnent tout à l'intérêt privé, seraient bientôt abîmés et confondus. Mais ils comptent sur l'es-

---

(1) On lit dans Bossuet : « Les Perses étaient honnêtes, civils, *libéraux* envers les étrangers, et *ils savaient s'en servir.* » Nous demandons que dans l'État les favorisés de la Civilisation soient aussi libéraux envers les étrangers à cette civilisation, envers les déshérités des faveurs sociales, et sachent aussi se servir d'eux adroitement. Rien n'est plus adroit que la justice.

prit régnant, *esprit de lutte,* d'exclusion et de privilége, ils se remuent et ils prospèrent ! et les hommes se traitant réciproquement en loups, ils sont forts. Enfin ils ne vivent que de nos vanités et de nos discordes, comment chercheraient-ils à nous en corriger ?

Nous avons voulu montrer à quel esprit obéissait le gouvernement de 1830, à quels hommes il se livrait, à quels principes destructeurs de toute Constitution il était abandonné.

Si la guerre n'est point dans la rue, dans les campagnes, elle est ardente, elle est vive dans les idées et dans les mœurs.

Nous n'avons sans doute que faiblement rempli notre tâche. Cependant, ce que nous avons dit est suffisant peut-être pour éclairer quelques esprits, en rassurer plusieurs, en faire sortir quelques autres de l'état de torpeur et de béatitude où le succès et la fortune peuvent les avoir plongés ; mais cependant ils *conservent* au fond d'eux-mêmes quelque sentiment pieux de leur position première et avec lui nécessairement quelque levain de générosité et de patriotisme.

DEUX CIVILISATIONS CONCURRENTES,

ENTRE LES DEUX ET S'OPPOSANT

LE JÉSUITISME.

Une chose dont personne ne doute, que tout le monde sent ici en France, est l'instabilité de tout ce qui existe. Il y a quelque chose d'étranger à nous qui nous divise, nous assiége, nous envahit et nous trouble. En religion, en industrie on recherche. On sent que tout régime politique, quel qu'il soit, est illusoire, repose sur un sable mouvant, tant que ces deux choses ne sont pas fixées, *constituées*, établies. Partout la lutte et dans tous les sens : partout on rencontre *des influences* en désaccord, concurrentes et ennemies. Alors règne quelque chose dans le gouvernement qui n'est ni l'autorité, ni la liberté, mais l'arbitraire et l'empirisme : le faste des mots et le prestige des traditions.

Dans notre France, aujourd'hui inquiète et tourmentée de passions qui lui sont étrangères, de temps à autre s'est produit une politique, qui ne fut point, il est vrai, la liberté, mais qui, tantôt sous la direction de Bossuet, tantôt sous celle de Colbert, revêtit assurément un caractère de droit, de raison et de justice ; puisque ces tentatives et ces commencements d'ordre au sein du chaos social, politique et religieux, où alors on était plongé, furent admirés de tous et sanctionnés par l'opinion. Cette opinion est précise, elle est toute dans ces louanges signalées que Voltaire adressa au siècle de Louis XIV. Dernier et plus puissant écho du génie français, avant que Mirabeau et Bonaparte parussent et vinssent donner des forces nouvelles à notre Droit public, l'historien de notre grand roi, ou plutôt de notre première gloire tout ensemble dans les armes, dans les arts et dans les lettres, doit être cru sur parole, et doit être médité plus que jamais aujourd'hui que nous sommes retombés dans le chaos, comme à l'époque des Dubois et des Terray.

Que doivent représenter pour nous aujourd'hui Bossuet et Colbert ? D'une part la constitution religieuse, de l'autre la constitution commerciale selon *l'esprit français*, c'est-à-dire l'esprit d'ordre, de raison et de justice. Ils représentent pour nous *l'autorité*, et cette autorité droite, ouverte, franche et légitime, qui s'adressant à nos besoins réels, dédaigne et prend en mépris nos appétits et nos convoitises sociales. Elle ne veut point s'entremettre dans nos fantaisies, dans nos modes, d'ailleurs libres de s'exercer, elle veut présider à nos *transactions* civiles et industrielles, à nos coutumes sociales et publiques, et à nos pratiques et à nos cérémonies religieuses, pour garantir quelque peu la droiture et la probité, d'une part, et le bon ordre et la justice de l'autre. Est-ce à dire qu'elle voulût peser sur notre conscience d'abord, et ensuite charger l'art en général, c'est-à-dire le travail, d'une police tracassière et accablante ? non sans doute, et il serait insensé de concevoir ainsi ses tendances et son action. *Elle tend à régler le négoce en général, pour laisser à l'art sa franchise et sa liberté.* Le malheur des temps, la fatalité ne l'a point permis ainsi, il faut malgré tout avoir du courage et conserver l'espoir. L'esprit français renaquit de ses cendres : vinrent Mirabeau et Napoléon. Il faut croire qu'un jour il revivra encore. Alors les fautes de nos pères nous seront remises en mémoire, et en consultant avec piété l'esprit qui les guida, nous achèverons ce qu'ils ont si courageusement et si habilement entrepris.

Contrairement à cet esprit qui pour nous est national, que voyons-nous en Angleterre ? chaque jour s'équilibrer progressivement *dans la liberté* deux grandes forces sociales, deux influences puissantes — la terre et le capital — instruments précieux, moyens considérables de travail, mais dont la possession libre, exempte de toute sanction publique, indépendante de toute autorité sociale, peut sans doute *accélérer* le travail, mais aussi le force et le fatigue, et souvent en abuse. Ce travail est-il rétribué équitablement, est-il aidé particulièrement *de lois libérales* et de réglements qui lui soient favorables? Il n'y a sous ce rapport et dans ce sens aucune espèce de garantie.

Mais dans ce pays, il ne peut être question d'intérêts religieux, *du moins d'intérêts ecclésiastiques*; ils sont là intimement liés aux intérêts territoriaux qui comprennent les intérêts de tradition et de prestige et les embrassent tous. En France il n'y a plus d'intérêts spéciaux appuyés sur la terre, mais il y a cet ensemble suranné des intérêts de tradition et de prestige dont le clergé est tout aujourd'hui, ou plutôt se fait, le représentant et la personnification. Or, n'ayant plus la terre pour fonds et pour appui, nos intérêts aristocratiques et les intérêts ecclésiastiques qui les ont absorbés, sont entraînés au dehors, obligés de se rattacher, de se relier à l'étranger, au centre même de leur action.

Les intérêts aristocratiques sont donc en France essentiellement cosmopolites et ne sont point constitutionnels. Ce genre d'intérêts — la tradition et la tradition *fastueuse* — chez nous n'a jamais été national, il ne l'est point et ne peut point l'être.

Tandis que chez nos voisins toutes les forces sociales, tous les intérêts privilégiés et aristocratiques, partagés en deux camps bien distincts, comme nous l'avons vu, s'appartiennent et ne prennent conseil que d'eux-mêmes. Tout est là national. Est-il possible d'ajouter constitutionnels? nous ne le croyons pas, et voici nos raisons :

Le mot constitution en politique est essentiellement français et n'a d'analogue dans aucune langue. On peut l'avoir traduit, mais jamais conçu dans sa réalité, dans son véritable sens. Et le malheur des temps, il faut le dire, nous l'a fait à nous-mêmes changer et corrompre. Le malheur enfin nous a fait perdre notre esprit, notre sens propre.

Nous ne prenons plus les mots que pour l'usage qu'on peut en faire, c'est-à-dire pour le profit que l'on peut en tirer : dans leur acception fantasmagorique et toute illusoire. Mais aussi, il faut l'ajouter, nous avons de tristes maîtres en ce genre, qui nous fascinent et nous séduisent. Ils sont survenus à la suite de nos désastres nationaux.

Dans les travaux difficiles et prodigieux de

la *Constituante*, deux points sont à remarquer : d'une part la constitution religieuse qui prit les doctrines gallicanes et les accepta pour exemples ou pour mesures premières, et se recommanda ainsi de Bossuet; de l'autre la constitution civile, qui admit comme principe l'égalité des partages et eut Mirabeau pour docteur, pour soutien et pour guide.

On oublia la constitution commerciale, on oublia l'industrie : *on oublia Colbert* : Point important, faute grave, et que nous n'hésiterons pas ici à poser comme source cachée et principe mystérieux de tous ces malaises, de toutes ces déceptions, de tous ces troubles et de toutes ces violences dont l'histoire révolutionnaire nous a montré suffisamment toutes les fatales péripéties.

En effet, après avoir réglé nos rapports religieux, nos rapports civils, pourquoi nos rapports industriels furent-ils oubliés? Après nous avoir *constitués* dans l'ordre religieux et dans l'ordre civil, comment ne songea-t-on pas à nous constituer dans l'ordre industriel? Enfin après *avoir constitué* la religion et la justice selon le Droit public et social, pourquoi l'industrie fut-elle délaissée? On avait cependant aussi les éléments. Cependant il importait fort : avant d'appeler le peuple à la sanction de tout cet ensemble constitutionnel et libéral de toutes les fonctions et de tous les ministères sociaux, il importait qu'il fût achevé, qu'il fût terminé. Les droits politiques ont été illusoires, ont servi à la contre-révolution, ont amené enfin, par un puissant effort de l'esprit national, le 18 brumaire et l'empire, osons le dire, précisément faute de règle, de principe et *de sécurité* dans les affaires industrielles et dans les transactions commerciales. Ni prix pour les marchandises, ni salaires, pour les ouvriers ne suivent une loi régulière, sage, équitable et juste tout ensemble. L'existence sociale et politique fut toute précaire, indéterminée, n'eut point de garanties. Tout alors fut laissé au hasard du plus fort et du plus fin, et nous avons été témoins comme nous le sommes aujourd'hui de tous les gaspillages et de toutes les corruptions.

Les hommes que la Constitution, ou si l'on

veut la révolution, avaient surpris, presque anéantis, durent alors prévoir leur retour et le succès de leurs manœuvres.

Mais un coup inattendu les frappa de nouveau, un homme survint qui leur ferma toutes les issues et leur barra le passage, un homme puissant, un caractère prodigieux, une âme de fer.

Leurs espérances étaient ravies et ils étaient abimés. C'était enfin le triomphe de la Constitution. Elle marchait rapidement à son but, et au milieu des guerres, elle ne laissait pas de s'achever, de se consolider. Déjà l'instruction publique, un des vœux de la nation, était fixée, l'industrie allait suivre : le commerce allait avoir ses conseils spéciaux et ses tribunaux distincts.

Encore une fois la fatalité s'opposa et ne permit point que l'Empire, sans cesse attaqué et provoqué par la féodalité sa voisine et son ennemie, se dépouillât de son semblant de despotisme, et montra enfin son caractère vraiment *libéral* et ses tendances émancipatrices.

Napoléon procédait de Mirabeau, de Colbert

et de Bossuet ; on ne le connut point dans sa vérité, on le renia.

Et nous sommes retombés dans le chaos.

La féodalité qui d'abord fut étourdie, et se sentait frappée au cœur, atteinte dans son existence essentiellement contraire au droit, et qui enfin ne vit que du fait matériel, désormais est triomphante. Le système d'associations libres, soit politiques, soit commerciales ou religieuses, a repris ses forces. Alors dans la mêlée, dans le désordre général, les hommes fastueux et de prestige viennent profiter chez nous des hasards pour reconquérir tout le terrain qu'ils ont perdu.

Déjà à leur tour ils poussent des cris de triomphe. On fait plus que les tolérer : on les encourage, on les soutient, et chacun de nous, se croyant citoyen et n'est que bourgeois, se sent inquiété et frappé dans ses espérances. On ne sait quoi nous étourdit et nous trouble, nous nous sentons circonvenus et envahis.

Aussi bien, il faut le répéter, nous avons perdu notre foi, ou plutôt nous l'avons laissée

se perdre et se corrompre au milieu des convoitises sociales et des appétits marchands.

Nous sommes voués à l'esprit anglais, esprit
de liberté peut-être, mais sans ordre, sans législation vraiment constitutionnelle, garantissant à
chaque homme du peuple son droit comme
travailleur d'abord, et ensuite comme citoyen.

On ne veut pas en Angleterre, en ce pays
d'exploitation et de barrages multipliés, dit
pays de liberté, garantir à l'ouvrier la justice
de la part des hommes qui l'emploient et disposent de sa personne.

On dit que si les mœurs sont tyranniques, les
lois n'y peuvent rien, et sont inhabiles à y porter remède. Et dans cette opinion hasardée de
choses vagues et malentendues, on disserte, on
plaide au hasard; et pour ces mœurs féodales,
qui font prédominer sur l'intérêt du plus grand
nombre les intérêts les plus puissants, on réclame de plus en plus la liberté.

Cependant beaucoup s'arrêtent et hésitent; il
y a désordre, il y a scission dans les esprits.
D'abord on a perdu chez nous le respect de

l'autorité qui faisait autrefois notre génie, notre force et notre gloire. Ensuite on ne laisse pas d'avoir le sentiment des déceptions de la liberté entendue comme les Anglais. Tout nous rejette alors et nous relient dans le chaos, et le jésuitisme pousse des cris de joie.

La nationalité, la patrie sont en danger, proclamons-le, disons-le hautement. Mais le danger, où est-il ? Où les bons citoyens, et qui veulent l'être réellement, doivent-ils porter leurs efforts ? quel est le point qu'il faut attaquer ?

N'est-ce pas assez évident ? L'étranger nous menace de ses mœurs et de ses idées, c'est contre ses idées et ses mœurs qu'il faut réagir, et réagir vigoureusement. Consultons notre esprit, reprenons notre foi et remontons un peu dans notre histoire, souvenons-nous enfin pour nous éclairer et nous guider.

Il y a aujourd'hui les libertés commerciales et il y a les libertés religieuses. Est-ce que tout cela, en vérité, composait le vœu de nos pères? exprimaient-ils ainsi leur pensée ? Est-ce qu'il n'y a pas sous ces mots quelque mystère ? Nos ennemis les ont embrassées, et plaident pour elles.

Est-ce qu'il n'y a point à se défier, à examiner, à se rendre compte ?

D'autres réclament le droit politique, le vote électoral pour tous. Est-ce bien là le point important ? Ah ! imitons ici la tactique de nos adversaires : les uns avant tout demandent la liberté religieuse, c'est-à-dire la *liberté des ecclésiastiques;* les autres avant tout demandent la liberté commerciale, c'est-à-dire *la liberté des négociants.*

Imitons-les, et demandons avant tout, mais contrairement à leurs espérances, *la constitution religieuse* d'une part, et la *constitution commerciale* de l'autre.

Pour raison de nos vœux, nous oserons poser ainsi la question : Quand le pays se *sera organisé librement* en vastes associations industrielles ou marchandes, en compagnies puissantes, religieuses ou autres, en vastes exploitations et multipliées, embrassant dans leurs intérêts respectifs un grand nombre de familles ou de personnes, la fonction politique, soit octroyée, soit conquise, sera-t-elle sûre, surtout libre et franche de tous liens pour les individus ?

L'Angleterre n'est-elle point vis-à-vis de la France comme le témoignage assuré du contraire : c'est-à-dire comme le mensonge de la liberté politique dans un régime tout féodal, comme l'illusion de la liberté en général dans un système d'exploitations et de vasselages dont l'odieux avait frappé nos pères, et leur avait fait donner à leur révolution ce caractère sacré, ce caractère *libéral* enfin dont nous avons perdu et corrompu le sens.

Quel a été le vœu de nos pères, quel a été le mot de 89 ? Ont-ils bien été ceux de libertés industrielles et de libertés religieuses ? Ou bien plutôt ceux de Droit en général, de Justice et de *Constitution* ?

Et constitution de quelles choses et de quels gens ? Il y a là une inconnue à dégager, un problème a résoudre. Et cela fait de la science politique, aux temps modernes, tout ensemble la plus belle, la plus difficile, la plus haute et la plus dangereuse de toutes les connaissances humaines.

Pour beaucoup cette science se réduit à des manœuvres et à des stratégies. Ils la soumettent à leurs calculs, ils la rabaissent à de minimes proportions : elle est un art, elle est un jeu.

Oui, rappelons-nous la clameur de 89, cherchons à nous souvenir, écoutons de nouveau l'accent solennel avec lequel elle s'exprima. Cette clameur est puissante, elle est sacrée, elle est sainte : Droits de l'homme et du citoyen, Egalité devant la loi.

Le vœu formel était donc la Législation partout et dans tous les ordres où elle était de nécessité, de raison et de justice.

Et l'ensemble de ces Législations devait composer la Constitution, c'est-à-dire ensemble de garanties apportées à l'exercice d'une fonction quelconque, politique ou sociale, religieuse ou industrielle.

On n'entend plus ces choses, elles sont vieillies dit-on : comme si le Droit, *le droit qu'avait le peuple de réclamer et d'exiger ces garanties*, le Droit en général, expression de raison et de justice tout ensemble, seule chose qui ne meurt point, devait se subordonner à nos modes, nos fantaisies.

C'est que de nos jours l'esprit anglais régnant, esprit de division, d'analyse et de dissection, a tout perdu, tout corrompu, tout gâté.

On ne sait plus en politique quel est le but, et quel est le moyen.

Si le but est les satisfactions matérielles de la vie de préférence aux satisfactions morales, oh alors comme ce ne peut être dans la concurrence le partage de tous, qu'il faut nécessairement une division—la richesse et la misère—écoutons, suivons les Anglais et mettons-nous à leur remorque: ils sont nos maîtres et nos docteurs en politique et en économie sociale.

Mais si au contraire, nous attachant aux doctrines françaises, et les consultant avec piété, et conservant quelque respect pour leur caractère essentiellement généreux, émancipateur et libéral, le but est la satisfaction morale, il faut nous arrêter dans la voie où nous sommes entraînés, nous consulter et prendre des forces, pour nous soustraire aux influences étrangères qui pèsent sur nous.

Gardons-nous des droits politiques illusoires dans l'anarchie des intérêts, dans la liberté seule courue, seule active des rancunes, des envies et des convoitises sociales.

Il faut, avant tout, apporter au régime intérieur de tant d'exploitations qui se forment, et de compagnies qui s'organisent, à défaut de constitutions normales, et si toutefois la justice et la raison tout ensemble les peuvent légitimer, supporter, certaines garanties publiques et officielles assurant à chacun de leurs membres sa liberté morale, la franchise de ses droits, et sa dignité personnelle.

Tel est le nœud de la question, tel est le fond de tous les débats religieux et industriels auxquels nous assistons les uns avec impatience, les autres avec rancune, mais le plus grand nombre avec défiance et avec tristesse.

Nous arrivons à l'Autorité et nous l'invoquons. Mais dans le régime des exploitations libres, des compagnies affranchies de tout contrôle politique, tour à tour, comme en An gleterre, prépondérantes et victorieuses, à qui est-elle, où la trouver ? Quel est son caractère? quels sont ses principes ? quel est son but ? et quelle est son action ?

Il faut bien le prononcer, l'Autorité n'est point, il n'y a que du pouvoir et de la police, c'est-à-dire l'arbitraire dans la liberté, dans les hasards de luttes incessantes et d'anarchies multipliées.

L'Autorité, pour être réelle, *veut être une*, une dans son action, une dans son principe et constante dans ses vues, constante dans ses entreprises.

Et cette unité, cette constance qui font sa force et sa légitimité, d'où peuvent-elles naître? d'où peuvent-elles résulter ? Si ce n'est de la fermeté tout à la fois et de la bonté de son principe, de la fixité de son but, *de la libéralité* de son action.

L'Autorité, ou si l'on veut le pouvoir, dans tout état bien constitué, doit avoir un but, et un but plus noble que la police dans le faste de libertés, d'ailleurs compromettantes ou dangereuses.

Ce but, il est d'élever à la dignité du citoyen, à l'action politique, à la sanction même de son exercice propre et de son ministère, le plus grand nombre possible de personnes dont elle doit préférer le caractère *civique et constitutionnel,* à la qualité simplement bourgeoise ou même nationale.

Il n'est point bien de proclamer tant de libertés fastueuses, qui font au contraire de la condition de citoyen une illusion, et un mensonge.

Le droit électoral, mais sincère, consciencieux dans son exercice, et qui relève l'homme, l'anoblit, l'affranchit, est le but en politique, le moyen est à rechercher. Ce moyen est difficile à saisir, difficile à indiquer, il fait l'objet sérieux de toute science vraiment politique et libérale et qui ne veut pas seulement vivre et parler, mais servir, émanciper, être utile.

Il peut et doit enfin caractériser cette civilisation, qui se refusant à ménager et à réserver des droits, des libertés et des prérogatives à certaines classes distinctes d'individus, sur lesquelles elle se repose du gouvernement le plus grave et le plus sacré, préfère étendre à tous son action bienfaisante, et embrasser tous les intérêts, pour étudier leurs vœux, écouter leurs prières, et répondre à leurs espérances dans la proportion de leurs besoins.

Ce qui se produit parmi nous en ce moment peut nous procurer, à ces égards, d'utiles ressources et nous aider à saisir le véritable besoin social.

En effet, le parti des échangistes, qui s'imagine pouvoir résoudre toutes les difficultés industrielles de prix et de salaires par la liberté commerciale au-dedans comme au-dehors, aura sans doute cet avantage de forcer les esprits à quelque attention sérieuse sur l'état de la pensée publique.

On s'examinera, on se concertera, on voudra se rendre compte de la marche que les intérêts, de plus en plus prédominants sur les opinions, font prendre au corps social, et de la voie où ils l'entraînent. Les idées, en effet, sont écrasées, du moins sans consistance, c'est-à-dire éparses et corrompues.

Les débats que soulève le libre-échange auront pour résultat infaillible de donner un caractère déterminé, précis à cette division des esprits désormais à la remorque des intérêts.

Deux camps déjà à peu près égaux en force se font signaler, le Nord et le Midi. Il se produit, dans les intérêts régnants, une division nette et tranchée comme dans les idées, il y a cinquante ans, il se fit une scission profonde dont la fatalité pèse encore sur la conscience publique.

C'est aujourd'hui dans l'ordre industriel la même difficulté, la même lutte que dans l'ordre politique en 93. Il y a danger, il y a péril, et l'on se demande si la victoire se fera dans le même sens et dans le même esprit.

Que voulaient les Girondins avec Montesquieu pour docteur? si ce n'est l'Ecole anglaise, c'est-à-dire la loi, expression des convoitises sociales, faite par les plus forts intérêts et à leur profit, c'est le fatalisme, le Droit dans le Fait, d'où résulte la Féodalité.

Que voulaient les Montagnards avec Rousseau pour guide et pour maître ? *Le Contrat social*, c'est-à-dire la loi, expression de raison et de justice, mise au-dessus de tous les intérêts et les réglant, non point comme de nos jours leur conséquence et leur *consécration*. C'est le rationalisme, le Droit primant le Fait, d'où résulte et a résulté pour nous la Constitution.

D'un côté la législation est toute subordonnée aux mœurs publiques et les consacre, de l'autre les lois commandent aux mœurs et cherchent à les régler, à les soumettre à quelque principe sûr d'équité et de justice, comme il s'est fait chez nous dans nos rapports purement civils.

De ces différents, autrefois dans les idées, comme aujourd'hui dans les intérêts, deux genres de civilisations bien distincts sont à remarquer.

D'un côté, la concurrence illimitée dans toutes les affaires, l'émulation effrénée, partout la guerre, guerre intime et toute sociale; avec tout cela des efforts inouïs, quelque merveille de l'art manufacturier, mais aussi des exploitations odieuses, des barrages insolents, des monstruosités étourdissantes, qui ne profitent point tant *à la science en général* qu'à certains gros intérêts tous matériels et tous temporels, cependant forts, durables et résistants.

De l'autre côté, la règle et la justice dans tous les rapports matériels et temporels des hommes entre eux, considérés soit comme citoyens, soit comme travailleurs. Quelque chose enfin qui soit l'équité dans toutes nos transactions civiles, sociales et industrielles, de préférence même à quelque merveille de l'art producteur, mécanique ou autre.

Nous n'avons chez nous, de nos jours, ni la Féodalité anglaise, ni la Constitution française; nous avons l'Arbitraire et l'empirisme.

DE L'ENSEIGNEMENT,

L'EGLISE ET L'UNIVERSITÉ.

—

On lit dans la Charte de 1830 :

« Il sera pourvu par *une loi* spéciale, et *dans*
« *le plus court délai possible*, à l'Instruction
« publique et à la liberté de l'enseignement. »

D'abord *pourvoir* par une loi spéciale à
l'Instruction publique, en même temps et par
la même loi, pourvoir à la liberté de l'Enseignement nous semble à la fois contradictoire,
irrationnel et impossible. Il nous semble que
proclamer la liberté de l'Enseignement, ou bien
même accorder de cette liberté, comme bientôt
on le fera, précisément ce qu'il faut pour satis-
faire un parti puissant, que nous croyons avoir
suffisamment fait connaître, est manifestement
abdiquer, trouver, comme l'a dit un ministre

à la tribune, le Gouvernement de l'Instruction trop lourd, et nullement faire la Législation de l'Enseignememt.

Si, aux yeux du pouvoir, l'éducation et l'instruction ecclésiastiques sont bonnes, saines et surtout *utiles*, à quoi bon maintenir contre elles ou leur créer une concurrence ?

C'est vouloir bien bénévolement et bien aveuglément de l'anarchie dans les idées, et du désordre dans les consciences. Est-ce ce qu'on veut du reste? Alors il n'y a plus rien à objecter, et le ministère de l'instruction publique n'est plus qu'un bureau de police, une succursale de la Préfecture, pour empêcher le désordre des esprits de *se traduire* en voies de fait, empêcher les lutteurs de descendre dans la rue, et d'en venir aux mains!

Tout cela est clair pour qui a le sens droit, dégagé de toute prévention et de tout intérêt de parti.

Comme tout d'ailleurs dans cet article de 1830 est vague, indéfini ! Que d'interprétations possibles! Que de moyens termes, que de demi-mesures ! cependant insoutenables, soumises dès le principe à la loi de périclitation et de corruption.

Et il serait assez curieux d'examiner quel peut avoir été le promoteur ou le rapporteur de de cette promesse positive de liberté d'enseignement, et ne dit point en quelles matières. Cependant il importait fort. Mais les choses d'idée, comme on dit vulgairement, jetées en l'air sont quelquefois si utiles et mènent si bien et si vite au but que l'on veut atteindre.

Ce leur fut sans doute une douce joie, aux vaincus de 89 et 1830, aux hommes que nous avons montré être ennemis de nos lois et de la constitution, quand, revenus à eux et s'examinant après les journées de juillet, ils reconnurent qu'un des leurs peut-être avait présidé à la rédaction de l'article 69 de la Charte. On croyait, en 1830, avoir tout conquis avec le mot liberté, et l'on ne prit pas garde, on laissa passer le mot sans se préoccuper du parti que certaines gens en allaient tirer.

La Constitution de 91, ou plutôt l'ébauche de constitution sanctionnée à cette époque, était plus nette et plus positive, à la fois plus franche et plus sincère. Elle porte à la fin du titre premier :

« *Il sera créé et organisé* une instruction « publique commune à tous les citoyens, « gratuite à l'égard des parties d'enseignement « indispensables pour tous les hommes, et « dont les établissements seront distribués « graduellement dans un rapport combiné « avec la division du royaume. »

Remarquons d'abord ces mots précis : Il sera créé et organisé. Et n'y a-t-il pas entre les promesses de 89 et celles de 1830, sur la seule question, mais importante, mais capitale, de l'enseignement, toute la différence qui existe entre le libéralisme de ce qu'on appelle la gauche constitutionnelle qui s'entend ou devra bientôt s'entendre dans le sens de *libé- ralité publique*, et le libéralisme fallacieux des gens de droite dans le sens de *laisser faire* et de licence, ne pouvant profiter qu'aux habiles, aux *influents*, aux dépens des hommes généreux et *forts*, forts de la justice et du droit.

Mais il est prouvé par les faits : le Clergé

sous la restauration trouvait compromettantes et dangereuses, contraires à ses intérêts les idées même qu'aujourd'hui il encense. Il a ses journaux particuliers, ses sociétés, ses cercles et ses congrégations, tout cela *avec l'autorisation du gouvernement*, pour les soutenir sur tous les tons et par tous les moyens possibles.

En effet, dès 1814, un prêtre, un simple prêtre s'écriait :

« De toutes les conceptions de Bonaparte, la
« plus effrayante pour l'homme qui réfléchit,
« la plus profondément anti-sociale, en un mot
« la plus digne de lui, je n'hésite pas à le dire,
« c'est l'Université. Lorsque le tyran crut avoir
« assuré par tant d'horribles lois le malheur de
« la génération présente, il éleva ce mons-
« trueux édifice, comme un monument de
« sa haine pour les générations futures, et
« sembla vouloir ravir au genre humain l'es-
« pérance même. »

Ce prêtre jeune alors était fougueux, violent, exagéré, il était peut-être sincère. En effet, quoi de plus dangereux qu'un bon instrument,

une machine ingénieuse, et fonctionnant habilement, sûrement, entre les mains de gens mal-
habiles ou malintentionnés ? Ce fut après 15
ans que l'on vit bien l'office réel rempli par
l'Université, alors changée de mains, et plus
forte encore, c'est-à-dire constituée despotiquement. Ce fut alors, seulement alors, que
l'on vit bien les espérances ravies, et il fallut
quoi ? une prise d'armes , pour les reconquérir et les raviver.

Les gens du passé, triomphant de la révolution et de l'Empire, firent plus qu'occuper
l'Université, ils la réorganisèrent, et comme
nous venons de l'indiquer, despotiquement : à
eux appartient la création de ce conseil royal,
dit conseil des huit, où nous voyons passer un
M. de Bonald, un abbé Clausel de Coussergues,
un Fraysinous, grand maître, ces deux derniers parents de M. Clausel de Montals qui
depuis.... mais alors tout allait pour le mieux
dans le meilleur des mondes possibles. M. Lamennais ne fut donc point entendu de ses su-
périeurs. Plus tard il développa sa pensée dans
une série d'ouvrages assez connus pour les-

quels il ne rencontra de la part des hommes qui se partageaient la puissance ecclésiastique que silence ou désapprobation. Plus tard encore ils le censurent, ils le renient et le laissent mettre en accusation, ils vont presque l'interdire. Et à la tête des censeurs qui voyons nous? M. de Chartres, le même évêque qui depuis 1830 s'est montré si ardent contre ce qu'il appelle le monopole universitaire et nos collèges, *écoles de pestilence*, mais qu'il envie sans doute pour son parti, et regrette et voudrait ressaisir.

Revenons aux paroles de M. Lamennais. Sous la violence des mots et en faisant la part des circonstances, ne se cache-t-il pas une de ces haines sympathiques qui admirent et louangent en dépit d'elles-mêmes? Que veulent dire ces paroles: *«la plus digne de lui»* et *« monument de sa haine pour les générations futures »*? Est-il bien possible? et n'a-t-on pas voulu dire avec plus de vérité : monument de sa haine pour le chaos social, politique et religieux, monument de sa haine enfin pour les générations passées? Ce qui se passe aujourd'hui est il assez clair. Mais à qui voulait-il ravir les espérances, si ce n'est à ces hommes, à *ces influences fatales* qui viennent aujourd'hui encenser la liberté pour la perdre , et profiter des libertés publiques pour regagner leurs postes perdus, leurs prérogatives abîmées.

Tout instrument, toute machine, sont indifférents par eux-mêmes; c'est l'esprit, le génie de celui qui s'en sert et le fait jouer qui importe. Si l'Université devait être jamais anti-sociale, c'etait, ce semble, bien plutôt quand elle tomba aux mains de ces hommes qui, venus à bout de la révolution et de la constitution, d'ailleurs trahies, lâchement abandonnées, livrées, devaient être remplis de rancune, et devaient se montrer violemment réacteurs. L'Université sans l'Empereur, ou sans son génie, n'était plus qu'une machine puissante devant faire avancer sûrement et rapidement dans la voie contraire à l'esprit de sa création. Leur marché fut trop rapide, trop accélérée : ils allaient toucher le but, ils se croyaient au terme, et un coup de foudre les étourdit, les renverse. C'était un orage. Après un peu de temps, revenus à eux, ils se relèvent. Que voient-ils ? Une famille de moins. Mais encore ? l'Université subsistante, leur ancien poste de prédilection, occupée par des laïques, des séculiers, des profanes. C'était de nature à les indigner. Aux armes ! Les gens nés, institués pour la guerre, ne songent qu'à cela. C'est leur vie, c'est leur existence. Leur raison d'être est le désordre, le malentendu. M. Lamennais avait raison alors, M. Lamennais était adroit, était habile. Fatales gens ! Il n'était que généreux et grand : la liberté, il la voulait entière, franche et sans subterfuge. Dans les circonstances difficiles où ils se trouvent, ils vont se servir de ses écrits, de ses vœux, de ses doctrines, ils vont le choisir pour chef et pour maître, mais au moment de l'action ils le trahiront.

Comme de fait : le génie ne hait rien tant que les moyens termes et les demi-mesures. De sa nature ferme, et résolu sur le terrain des idées, il n'aime point être lié, retenu ou poussé, entraîné par les faits et les circonstances fortuites. Il les sacrifie aisément, ou plutôt il y commande et les détermine. Forcé peut-être dans sa personne, son cœur et son esprit jamais ne tournent et ne vacillent. Le génie c'est la constance, le génie pour l'individu c'est la liberté. M. Lamennais fit plus que réclamer la liberté que précédemment il prêchait. Il somma le Clergé, pour être conséquent avec lui-même, et faire œuvre d'énergie, de foi et de conviction tout ensemble, de se séparer entièrement de l'État qui, disait-il, *l'opprimait.* Non pas seulement M. Lamennais, mais le clergé tout entier parlait ainsi. Il somma le Clergé de refuser ce qu'il appelait son salaire, et de s'en remettre de son existence à la foi, à la piété, au dévouement des fidèles. C'était courageux, c'était digne. Il n'en fut point ainsi : le Clergé fit défaut et resta lié au Gouvernement. Mais voici ce que disent les ecclésiastiques auxquels le clergé est tout inféodé aujourd'hui, et qui profitent encore ici de constitutions spéciales arrachées au génie disciplinant de l'Empire — Il faut se rappeler un abbé Émery, et le despotisme décrété, et accepté avec empressement, des évêques sur les curés et tous leurs subordonnés dans l'ordre hiérarchique. — ils disent : le Gouvernement n'est pas l'État, encore moins la Constitution, et nous espérons bien un jour lui enlever les langes qui le retiennent encore à ce que nous maudissons par-dessus tout, c'est-à-dire la révolution et la constitution son ouvrage. Tel est le fond des choses : ils sont dans l'État, mais pour le trahir, en trahir les droits, en fausser la Législation, le régime *libéral*. Ils sont ennemis de toutes nos lois.

La liberté de l'enseignement et la liberté religieuse ne sont entre leurs mains et dans leurs discours que des armes et des instruments de guerre. Il est assez évident : leur but est l'autorité, mais l'autorité sans lois, c'est-à-dire l'arbitraire, l'empirisme, le despotisme réel. Cette liberté religieuse, par exemple, prise comme ils la donnent dans son acception vague, implique, ce nous semble, et celle des ecclésiastiques et celle des fidèles.

Or toutes deux peuvent-elles marcher ensemble, et ne se nuisent-elles pas au contraire mutuellement? Il faut choisir.

Et il faut bien l'observer, la liberté en général, dans l'état civil ou social, en religion comme en politique, pour les gouvernants comme pour les gouvernés, ne peut pas résulter, ne résulte pas de droits multipliés et divers, mais bien plutôt de devoirs admis, librement consentis. Et ces devoirs ont leur principe dans un Droit unique, imposant à tous et généralement reconnu. La Liberté vraiment publique n'existe qu'autant qu'il y a *garantie de réciprocité* entre les devoirs des citoyens et les devoirs des hommes promus aux fonctions publiques, soit religieuses et judiciaires, soit sociales et administratives.

Cette liberté religieuse que l'on réclame ne veut évidemment que la liberté ecclésiastique à l'égard des fidèles. Mais si, comme il est vrai, on ne doit rien imposer à la conscience, si en voulant peser sur elle et en substituant à ses leçons intimes des instructions plus ou moins lourdes, étourdissantes et multipliées, on la trouble, on l'égare, on la dénature; si, pour faire œuvre de vrai libéralisme, on doit aider à son développement, à sa *libre* expansion, les fidèles alors sont portés à considérer leur ministère, le ministère des prêtres, bien plutôt comme un devoir à remplir que comme un droit à exercer. Et c'est en réalité ce que le clergé romain, comme il est bien facile de le penser, ne veut pas, ne peut pas supporter?

Mais que peuvent être et que peuvent devenir la religion et la vérité dans autant de manœuvres et de stratégies, et de cette nature, que nous voyons pratiquer, exercer depuis trente années? Ce qui était bien dans un temps est mal l'instant qui le suit. Mais encore s'agit-il bien de la religion et de la vérité? Donnons un exemple. En 1828, sous le ministère de MM. de Martignac, de Feutrier évêque de Beauvais, et de Vatisménil, ministère *libéral*, comme l'on sait, et par lequel furent émises les ordonnances du 16 juin portant *règlemens et conditions* pour l'admission comme pour les études dans les séminaires et écoles ecclésiastiques, règlements et conditions tant à l'égard des professeurs que des élèves, et qui soulevèrent tant d'oppositions, tant de haines et tant de rancunes dans le parti même qui disposait alors du

gouvernement et du roi, M. Cousin reprenait ses
leçons à la Sorbonne (1). Personne, ni prêtre
ni laïque, n'avait encore formulé, et ne son-
geait pas même à formuler clairement une accusation précise contre ce que l'on a appelé
depuis l'éclectisme, et n'est en somme que la
philosophie connue dans l'histoire sous le nom
d'École d'Alexandrie; mais dégagée peut-être
de cette dialectique embarrassante, de cette
subtilité fastueuse, de cet esprit disputeur et
rechercheur, plus encore dans les mots que
dans les choses, de cet esprit grec enfin, que
Montesquieu, dans son histoire de la déca-
dence, a bien montré être ennemi de toute
netteté et de toute solution. Cette école d'A-

---

(1) M. Cousin, dans les années qui précédèrent,
s'était tû, avait gardé le silence, contraint qu'il était
par des influences bien semblables à celles qui aujourd'hui imposent à M. Quinet l'obligation de fer-
mer son cours et d'interrompre ainsi ses investigations
hardies et habiles tout à la fois de la littérature et des
langues dans le domaine de la Religion et de la Politique.

lexandrie où l'Église elle-même s'était instruite et s'instruisait dans le moyen âge, qu'était-ce? sinon le rapprochement du spiritualisme antique—Platon et les stoïques — du spiritualisme chrétien, l'explication même, le développement de l'un par l'autre. — Et en effet, que les religions antiques aient amorti, empêché, et que la religion catholique et romaine ait au contraire constamment aidé, favorisé la conscience humaine dans ses expansions, en soit même dans sa doctrine comme l'expression sacrée, il n'importe, cette conscience est la même pour tous les lieux et pour tous les temps. Soutenir le contraire est une impiété, il nous semble, et c'est absolument soumettre Dieu à nos intérêts, à nos passions. — Quand, après juillet, le clergé cessa d'occuper les postes avantageux dont il s'était emparé sous la Restauration, et quand à la place d'un M. de Bonald, l'Université vit arriver dans son conseil M. Cousin, le Clergé fut d'accord avec M. Lamennais, l'Université ne fut plus qu'une œuvre infernale (Voir les paroles acerbes de M. Lamennais

en 1814) et *la Constitution de l'enseignement*, une œuvre de despotisme. M. Cousin
devint le point de mire de toutes les injures,
de toutes les violences, de toutes les diatribes.
M. Cousin faisait, disait-on, de tous nos colléges *des écoles de pestilence.* Ces exagéra-
tions, indignes d'ecclésiastiques, ont trouvé
dans l'esprit de parti et de caste quelque cré-
dit, quelque confiance, mais intéressés, et
dont il faut bien se rendre compte, pour ne point
se laisser aller à des haines aveugles où peut-
être, après un certain temps, on s'affligerait
d'avoir été conduit, entraîné.

Le vrai est que l'on trouve odieux et que l'on
envie à un professeur de donner, au nom de
la raison et de l'ordre, à des jeunes gens de vingt
ans les mêmes leçons de morale et les mêmes
notions de devoir qu'à dix ans les enfants ap-
prennent par cœur dans les catéchismes, sous la
direction des prêtres, au nom de Dieu et de la
piété qui lui est due. Mais s'élever, s'insurger
contre un pareil régime d'instruction, supposé
qu'il dure, est manifestement mettre Dieu en
opposition, en contradiction avec la raison. Elle

mal alorsne vient pas de la philosophie universitaire, il vient de la haine qu'on lui porte et
de l'envie qu'elle rencontre. On ne peut par-
donner à M. Cousin son spiritualisme : il a conduit, élevé à la religion bonne partie de la
jeunesse voltairienne de ce temps-là, et il faut
voir les biographies des Lacordaire et des Bau-
tain. L'un Dominicain aujourd'hui, l'autre supérieur d'une institution catholique, on peut le dire
sans se hasarder, peuvent très-bien lui rapporter
ce qu'ils ont d'ordre dans les idées et de netteté
dans l esprit. C'est son plus grand crime. Comment! un professeur homme du monde (M. Cousin n'est ni comte, ni baron, il est constitutionnel) un professeur philosophe et laïque! (laïque
veut dire en grec homme du peuple, homme
du commun; clerc, aussi en grec, veut dire
choisi, homme d'élite, sorti du peuple et élevé
à la dignité d'homme distingué, noble. Il n'est
point de séminariste tonsuré qui ne se préfère
à tout le genre humain, digne tout au plus de
sa bénédiction). Comment! M. Cousin enseigner le spiritualisme et le devoir! Quel scan-
dale! Ah! s'il eût professé la doctrine d'Hel-

vétius, le système des la Mettrie, des Mauper-
tuis, on se serait tu peut-être. Mais un homme
profane, *odi profanum vulgus*, oser parler
de morale, de devoir, c'est une indignité.
La violence, les injures n'ont point cessé. Chaque jour périodiquement vous entendez quelque cri : au rationaliste, au panthéiste, à l'e-
clectiste; comme autrefois : à l'athée, au déiste,
au géomètre. Le Clergé ne peut pas souffrir
qu'au nom de la philosophie et de l'ordre on
traite de ces choses de morale et de pensée
qui sont comme l'essence même de la religion. Comme si ce n'était pas le chef-d'œuvre
de la liberté de conscience et de la liberté de
penser d'arriver, après bien des recherches et
des expériences, à la règle, au devoir; le sublime de la philosophie de toucher à la religion
et de s'y fondre, s'y reposer. Il faut bien
le dire hautement : la vraie religion est plus
en morale, en devoir qu'en cérémonies, en dogmes, en croyances. Et une telle marche, du droit
au devoir et de la liberté à l'autorité, est plus sûre,
ce semble, et plus droite que de la Religion, de
la règle et du devoir partir et se lancer à

travers toutes les broussailles et tous les détours
de l'intérêt, de la haine et de l'envie dans les
voies tortueuses de libertés mal définies, comme
nous en sommes témoins aujourd'hui pour notre édification.

Il y aurait trop à dire, si l'on voulait appli-
quer à tout ce qui se passe de nos jours les
principes dictés par la raison : esprit d'ordre
et de justice tout ensemble. Cependant il faut
essayer. Dans la commune ignorance de ce qui
est d'ordre et de ce qui est de liberté, si l'on se
sent mu par quelque force secrète, inconnue
et intime de protestation contre le désordre
spirituel, pour parler le langage ecclésiastique,
ou mieux, contre l'anarchie des esprits, il faut
oser, avoir le courage; quels que soient d'ailleurs les dégoûts et les fatigues que l'on rencontre partout dans une société livrée généralement à l'égoïsme, et envahie par l'esprit de
calcul, l'esprit marchand, l'esprit anglais.

Les controverses sur la liberté d'enseignement seraient bientôt terminées, si dans chaque parti on voulait être simplement de bon
sens, franc, précis et net tout à la fois, et non

rester enfermé dans des préventions fâcheuses, dans des engagements tyranniques, et des intérêts sollicitants. Mais les catholiques (1) et leurs journaux n'ont pas intérêt à faire sortir la question de ces termes vagues, nuageux, illusoires où ils la retiennent. En effet, approche-t-on la lumière, dissipe-t-on tous ces nuages, examine-t-on avec *quelque bonne foi*, ils sont écrasés. *Tout dépend de la chose à enseigner*. Est-ce tout d'abord la Religion ? En vérité est-il besoin de tant raisonner ? Ne sont-ils pas aussitôt confondus ? De catholique, ils n'en ont que le mot, le semblant. Comment croire alors à des hommes qui ont un costume vénérable et sacré, et mentent et sont infidèles à leur caractère reconnu ? Leurs doctrines sont protestantes, et les Jésuites au spirituel sont protestants, c'est positif et évident, et ils le sont moins franchement que Luther, et moins courageusement, moins politiquement que Calvin.

_____

(1) Disons le mot, puisqu'enfin ils ont eu cette maladresse, cette impiété nous dirons encore, de se constituer *en parti* distinct.

L'Enseignement en général n'est-ce pas une noble fonction aussi, une espèce de sacerdoce par lequel on veut communiquer à ses semblables une science positive, nécessaire, determinée et fixée.

L'Art, l'Industrie, la Philosophie ont bien chacun quelque chose positive, déterminée, susceptible d'enseignement; mais on ne peut pas dire qu'ils ont des procédés, des doctrines arrêtés, fixés, exigeant un enseignement précis, unique, nécessaire, indispensable tout ensemble, et admis partout, généralement consenti. Alors c'est bien ici qu'il est besoin de la liberté, il la faut, elle est de droit, elle est urgente pour le progrès.

Mais si vous demandez la liberté en général, et la liberté en particulier d'enseignement, pour des choses d'un tout autre ordre(1)comme la religion, la morale, la grammaire et le calcul devant précéder, primer l'exercice libre

____

(1) Voir les Pensées de Pascal, dès le début, sur l'antiquité et la tradition.

de l'art, de la philosophie et de l'industrie, vous courez risque de tout confondre , et dans le désordre, d'opprimer le travail, la pensée, l'art, la philosophie et l'industrie. La chose est, il n'y a pas seulement danger que la chose soit.

Non, il n'en est pas de la religion et de la morale, d'abord, comme de l'art et de la philosophie. Est-ce à *des laïques*, à des hommes du monde à le dire ? Rien a-t-il besoin d'être plus fixé, plus déterminé, et surtout plus généralement reconnu, consenti que la morale et la religion. Si tout est basé *sur la conscience*, cette reconnaissance et ce consentement ne se conquièrent pas, ils s'obtiennent tout naturellement. Et quoi de plus fixe, de plus sûr que la conscience ?

Ensuite, n'y a-t-il pas quelque chose fixe, certaine, quelquechose d'*exact*, nécessaire à tout le monde et indispensable : la grammaire et le calcul, *la science des mots* et *la science des nombres*, nécessaire et devant commander à l'art, à la philosophie, à tout ? — commander ici dans le sens de *servir* et *primer* — une chose enfin devant faire l'objet d'un *ministère* particulier, étendant sa *libéralité* à tous sans exception, pour aider au travail particulier et libre, et exigeant un enseignement précis, réglé et déterminé comme la science même dont il est l'objet ?

La liberté d'enseignement en religion, en morale, en calcul, en grammaire ! Mais c'est tout remettre en discussion, c'est ne vouloir point de certitude, c'est ne vouloir rien d'exact et de précis, ne reconnaître rien d'assuré, c'est nier la science même devant commander à toutes les autres, la conscience ou la raison qui ne font qu'un, c'est proclamer le doute et la négation.

Et ce sont des prêtres, des prêtres catholiques qui la réclament, et des *constitutionnels* qui l'ont écrite et posée. Jésuites et doctrinaires, ce sont bien eux, donnant tout à la forme et se souciant fort peu que le fond soit compromis, délaissé, *trahi*. Rien ne peut caractériser davantage le désordre des idées et des intérêts où nous sommes plongés. Et l'on dit que nous sommes heureux, tranquilles, que nous vivons et prospérons dans un régime d'ordre, de paix et de concorde!

L'Empire avait précisément institué ce ministère de l'Instruction publique en choses de besoin général, la grammaire et le calcul. — Nous n'entendons pas seulement la grammaire dans le sens d'alphabet, nous l'étendons à tout ce qui est des langues et de la diction. — Et ce ministère promettait de se développer, *de se libéraliser* avec le temps, de s'étendre à toutes les exigences, à toutes-les existences, de se *constituer* enfin selon la raison et la justice.

L'Université! ce mot allait bien à ce qui était de besoin général et de droit commun, sous la direction d'une autorité centrale, non arbitraire et despotique, comme on l'a soutenu avec un aveuglement acharné, inouï, et dont on n'a pas compris le genre vrai de libéralisme : c'était de la *libéralité*.

Résumons : La Constitution est l'exact, le déterminé, le certain; la Liberté dans son acception nette, franche et rigoureuse, est le douteux, l'incertain, l'indéterminé. Renversons les termes, et nous avons encore la vérité, le bon sens.

Pour faciliter, aider le travail ultérieur de l'esprit et de la pensée, il faut nécessairement que l'enseignement, devant précéder ce travail libre, soit précis, réglé, déterminé et fixé : La langue, le calcul et l'histoire, choses exactes, choses d'ordre; le reste est de liberté. Et la liberté en choses de morale, de culte et d'enseignement, est le désordre, est la confusion. Au point de vue national et constitutionnel, c'est l'anarchie.

Mais il est une chose avérée, l'Eglise, en tant qu'hiérarchie catholique, veut par ses organes militants, c'est-à-dire les jésuites à la dévotion desquels elle s'est mise toute entière, conquérir non la liberté d'enseignement, ce n'est qu'un moyen, mais bien l'Enseignement lui-même qui est le but. Elle vise plus haut encore, ou plutôt elle veut aller plus loin, plus profondément dans la société, et son pouvoir n'est jamais assez étendu, il lui faut l'Education, c'est-à-dire les familles et avec elles nécessairement quelque jour l'Etat, le Gou-

vernement et toutes les administrations publiques.

Ses discours sont brillants , fastueux, on
s'éprend; et alors sa marche, ferme et décidée
d'ailleurs, n'est sentie, appréciée, que par ceux
qu'elle intéresse à ses mouvements , ou mieux
encore par les classes aux intérêts desquelles
elle se livre et elle se soumet.

Dans cette ardeur de direction : direction des
individus, des familles et des classes, ne dé-
passe-t-on jamais les bornes du droit et de la
raison ? Ces familles, pour lesquelles on réclame avec tant de zèle et d'emportement, leur
laisse-t-on bien leur liberté morale et de conscience ? N'exerce-t-on jamais de violence sur
elles ? ou ne fait-on jamais usage de séductions
calculées pour les amener dans ses voies et les
mener toutes ensemble selon ses vues particulières ? Respecte-t-on bien leurs caractères et leurs
conditions ? Ne s'immisce-t-on jamais imperti-
nemment au milieu d'elles et dans leurs intérêts privés, respectifs ? La famille enfin, *asile
sacré*, où doivent régner surtout, où ne peuvent régner en effet que sûrement et sans

mensonge, la liberté, l'indépendance et *la franchise*, ne la force-t-on jamais, n'en disperse-t-on jamais les éléments, n'en sépare-t-on jamais les membres, et n'en divise-t-on jamais les esprits?

Ces institutions, ces *maisons*, ces entreprises, pour ainsi dire, d'*éducation* particulière et *distinguée*, où l'on vous reçoit si jeunes, à peine libérés, affranchis des soins de de votre mère, font-elles autre chose que remplir, selon leurs vues, *un office* que des circonstances fatales offrent comme un avantage pour les pères et un droit pour les directeurs ecclésiastiques, mais que la Politique et la Religion ensemble considèreront un jour comme le déplorable signal de l'abandon fait généralement par les pères et mères de devoirs sacrés et d'obligations saintes.

Entre l'Enseignement et l'Education, il faut distinguer : l'enseignement, chose d'ordre sûrement, et de police peut-être, chose de droit public et national ; et l'éducation, chose essentiellement de liberté, de franchise et d'indépendance, chose enfin de droit privé.

L'Enseignement, considéré dans sa généralité et comme un ministère à exercer, est la formation, l'élève de l'homme civil, politique et national tout ensemble, et qui ne font qu'un au point de vue de la raison individuelle et de la raison sociale. L'Enseignement ne peut et ne doit voir que l'homme public ou le citoyen. Il n'y a point là de liberté possible, à moins toutefois que l'on voulût, au lieu de citoyens, avoir comme aujourd'hui des hommes de partis, de catégories, *de classes distinctes*, et de *bords* ennemis. L'Education est la formation, l'élève de l'homme individuel, personnel. On en a fait une science, *un savoir-faire public*, non point à l'usage des parents, selon leurs goûts, leurs francs arbitres et leurs dispositions particulières, mais à l'usage d'étrangers à la famille qui, dans la formation de l'individu, verront nécessairement beaucoup plus que la personne à élever, c'est-à-dire encore de préférence une machine à monter, un animal à dresser, un moule à pétrir, de la substance à contourner. L'Education, chose de franchise, doit être laissée au libre arbitre, à la liberté des familles. Elle ne voit et ne peut avoir en vue que la personne. Elle détermine le caractère, et faite dans telle vue déterminée par des hommes étrangers à la famille, il y a à craindre de n'avoir, au lieu d'un caractère né ou développé, que des habitudes prises et des manies contractées, nullement en accord avec le tempérament moral, *la nature intime* de l'individu. Il y a à craindre de n'avoir au lieu d'hommes et de mœurs que des singes et des modes, ou des importants, des excentriques et des affectations, des singularités, tous plus ou moins, selon les temps, amusants et récréatifs.

Et l'Enseignement libre, c'est, en définitive l'Éducation usurpée, l'éducation libre empêchée, le développement naturel du caractère contraint, et la conscience avec la raison abîmées.

L'État ne vise, ne tend point, n'aspire point à l'éducation, si son enseignement n'aide point toujours et ne régularise point toujours le développement moral ou spirituel de l'individu, toujours est-il qu'il ne le gêne point, ne le contrarie point. Il n'est pas vrai qu'il pèse sur la conscience et soit contraire à ses instructions.

L'État, s'il est libre, ou le Gouvernement, s'il est affranchi de *ces influences fatales* plus ou moins intéressées, d'ordinaire si exigeantes et si lourdes, doit certainement craindre qu'un corps, se donnant, pour ainsi dire, plutôt pour *éducateur* qu'instructeur, ne veuille pas tant *élever* l'individu, la personne, que déterminer, former l'homme à sa guise , c'est-à-dire l'homme de faction, l'homme de parti.

Et les Gouvernements depuis 1815 semblent avoir pris plaisir à faire du fidèle catholique quelque chose contraire à l'homme national, au citoyen. Le clergé depuis 1830 s'est réjoui manifestement et a accepté, reconnu ouvertement cette position comme bonne et meilleure pour lui et pour ses intérêts.

Alors il est dificile que jamais dans le même homme *le fidèle catholique* et *le citoyen français* soient les mêmes, aient les mêmes vues, les mêmes fins et les mêmes espérances. Et certes pour l'État il y a des craintes à concevoir et des dangers à courir.

Mais si par impossible l'identité existait, à quoi

bon alors une concurrence-fâcheuse et triste à
tous égards. En effet, quoi de plus dangereux
que la concurrence dans ce qui importe le plus
à l'existence de l'homme social : ses devoirs
publics et nationaux.

Le Clergé, s'il veut absolument se mêler de
l'éducation, ne doit donc voir en vérité que
l'homme, et l'homme dans le privé, l'homme
individuel.

Mais encore, comme nous venons de l'essayer, pour le clergé comme pour tous
autres, n'est-il pas possible de prouver que
vouloir se préposer à une chose de mystère
et de liberté, comme est le développement du
caractère personnel, c'est avoir une prétention
mauvaise, importune et détestable. Le père
et la mère ne sont-ils pas les seuls naturels
précepteurs et gouverneurs avant le monde et
l'expérience ?

Pour décider et trancher, si l'on veut bien
nous le permettre, nous dirons que l'Éducation
est une chose sacrée, comme le peut et le
doit être la famille elle-même, et qui doit
être respectée, défendue contre toute atteinte

publique, laissée enfin hors de toute portée
sociale :

Si l'enfant n'appartient pas à l'État, il appartient encore moins à un corps public qui dans
l'État s'est manifestement constitué en parti
distinct, et en concurrence avec lui.

Le prêtre a mieux à faire que voir l'homme
dans la famille, et s'entremettre entre le père,
la mère et les enfants. Ses vues peuvent et
doivent porter plus haut : si le magistrat, professeur ou juge, voit l'homme élevé déjà à une
certaine hauteur, c'est-dire comme national,
citoyen, ou politique, le prêtre peut et doit le
voir plus haut encore, c'est-à-dire comme œuvre
de Dieu, membre de l'humanité, partie enfin
dans le monde de cet ensemble de créatures
favorisées où Dieu se fait sentir et parle à tous
les cœurs.

Qu'y a-t-il de plus beau pour un homme
vêtu d'un costume imposant et d'un caractère
respectable et sacré que parler en chaire à
cette foule de tous pays, de tous rangs, de tous
états, lui rappeler sa source et la fin de son

existence ? N'est-ce pas bien alors l'Enseignement supérieur ?

Ailleurs, à la Sorbonne, dans les facultés
universitaires, c'est Littérature, c'est Histoire,
c'est Physique, c'est Chimie , que l'on parle.
Ici dans l'Église, c'est la sicence des sciences,
la Religion, qui se fait entendre, et vient achever,
consolider, plus encore, sanctifier et consacrer
dans le cœur de l'homme ce que la science proprement dite, la science profane, ne fait que
commencer et entreprendre, en nous donnant
les termes du savoir plutôt que le savoir même.

Enlever les hommes de dessus terre et les
élever par la parole et les conduire par la prière
où se portent leurs plus chères, leurs plus
belles espérances et leurs plus grandes, leurs
plus nobles pensées : Telle nous avons compris
et admiré la mission du Christ, et concevons
uniquement le devoir et la fonction des hommes
qui, prenant son nom et revêtant son caractère, se disent ses disciples, ses successeurs
et ses vicaires.

Nous avons essayé de prouver combien les prétentions ecclésiastiques sur l'Éducation et l'Enseignement étaient fâcheuses, peu politiques et peu normales au point de vue religieux et constitutionnel ; mais nous n'avons point voulu absoudre l'Enseignement universitaire de vices avérés et d'errements fautifs bien reconnus et bien constatés dans le public. On nous communique un exemple entre tous que nous donnons pour type et que nous nous empressons, pour terminer, de rapporter ici et de signaler.

UN DISCIPLE DU DOCTEUR PANGLOSS

OU

LA LITTÉRATURE EN CONDITION.

TYPE UNIVERSITAIRE.

———

Nous l'appelerons Jacques Charpentier ou François Serrurier, peu importe, seulement pour indiquer son origine profondément obscure et bourgeoise, mais ce n'est pas le plus *vilain* de son affaire.

Il n'est tel en effet pour servir qu'un manant que l'on pousse hors de son gîte. Il eut fait dans sa localité un bon artisan, un bon mari, un bon père; mais on a jugé tout cela trop commun pour lui et trop vulgaire.

On l'a pris jeune et mis sous la férule dès son plus bas âge.

Pour ce qu'on a en vue il faut de bonne heure le rendre *docile*, ne laisser germer dans les loisirs aucun instinct de liberté ou d'indépendance, autrement notre apprenti ne serait que revêche et rebiffant, et la chose serait gâtée.

Il était dans sa première école ce qu'on appelle un enfant malin et précoce. Il savait à dix ans où gisaient le Pô et la Cochinchine, et racontait agréablement, nettement, les amours de Calypso, la valeur d'Achille et la vertu d'Epaminondas.

Mais tout cela n'est encore que niaiserie, il faut au collége apprendre en latin le langage fleuri d'un homme bien élevé, comment on confectionne un discours, un récit, dans quelles situations ils est besoin de pathétique et de mouvement, et dans quelles autres il faut de la sensibilité et de la grâce. S'il se trouvera jamais dans le cas d'en faire usage, s'il aura jamais besoin de ces talens superbes et s'il aura jamais autre chose à faire que pavaner, louanger, solliciter et singer, il n'en est point question. Mais que demandons-nous ? c'est précisément le défaut des situations pour soi-même ou les siens qui fait le besoin des mots et des paroles dans les temps modernes. Tirer parti de soi-même, attendre que la nature s'émeuve, se développe et se mette d'elle même en exercice n'est ni l'intention ni le but de ceux qui nous régentent. Cette nature pourrait bien rester inerte et oisive, et ne point répondre aux calculs que l'on fait sur nous et pour nous. D'ailleurs ce n'est pas de *l'ingénuité et du caractère* que l'on demande et que l'on veut, c'est de la *capacité et de la docilité* que l'on exige.

Notre disciple a fait ses humanités et va à l'École normale. Là on vous le régente, on vous le dresse, on vous le sature avec plus de soin. Quelques années encore et notre apprenti sera formé : car enfin c'est un métier qu'il a appris, il faut qu'il soit homme de lettres.

Après cette confection, ce long apprentissage, s'il pouvait être libre ! mais point, de nécessité il se dévoue à ses chefs, et il fera leurs éloges. Que lui demandez-vous d'être digne et de mettre ses talens et ses moyens à des épreuves moins serviles ? La dignité, le caractère ne sont pas permis à tout le monde., et ne font-ils pas le privilége des bonnes maisons?

On l'envoie professer en province, occuper une chaire de faculté où il se montre d'un esprit agréable et facile. Les quelques oisifs et quelques bas-bleus de l'endroit s'ébahient et claquent des mains. Notre nouveau Pangloss n'est point encore satisfait.

Il est homme *de faculté*, et décemment il faut en porter le signe. Qu'importe que ce soit d'ordinaire une livrée? ce n'est pas ici un obstacle : toujours est-il que le talent et le génie, avec eux et l'honneur et la gloire se parent de ces couleurs quelquefois avec agrément et satisfaction. Donc il sollicite, il se lie et il se dévoue plus étroitement, son cordon lui arrive, et voilà notre homme posé : il a son rang sur l'échelle et dans la légion, et de là il regarde en pitié ses confrères d'en bas qui n'ont eu ni son bonheur, ni sa souplesse.

Avec ces signes et priviléges on ne peut guère rester en place, il faut voyager. On sollicite encore, et on obtient une mission étrangère, on court étudier la littérature des Lapons et les Finlandais. Il importait fort à la patrie, et elle compte sur vous pour lui rendre ce service, elle vous paiera généreusement.

On travaille, on s'ingénie, on critique, on analyse ; on recueille des chants, des légendes en langues barbares et sauvages ; on disserte sur les mots, on prend note des idiomes ; on ajoute à cela des descriptions de pays, comme on l'a vu dans ses auteurs, des peintures de mœurs, de mœurs iroquoises ou huronnes. Ce ne laisse pas d'être assez intéressant et amusant. On fait un bagage du tout, puis, de retour chez soi on le dépose aux pieds de ses chefs. Les revues subventionnées s'ouvrent alors à vos productions, vous leur livrez votre marchandise avec toutes les conditions voulues : adresses, dédicasses et tout. Et vous avez rempli votre tâche, bien mérité de la patrie. C'est elle qui solde les frais.

On a bien dans son bagage aussi quelque œuvre qui voudrait être originale : de la poésie, de la rêverie. On a bien pris quelques airs d'infortune, d'indépendance, de liberté, de caractère, d'originalité et de franchise. On connaît Gœthe et lord Byron. Et faut-il pas après traductions, critiques et commentaires, un peu imiter leur génie, singer leurs passions, affecter leurs souffrances. Tout cela tient au métier que l'on a appris. Et de fait : on s'est délassé, récréé avec des vers et des hémistiches. Ce ne laisse pas d'être parfaitement naïf et innocent. Mais il est assez comique et impertinent tout à la fois qu'étant fait et constitué *manœuvre* on veuille être *artiste* et poëte.

C'est ainsi que, de notre temps et par le monde officiel, il est de ces professions autrefois libérales, toutes de franchise et d'indépendance, et ne sont plus aujourd'hui que d'insignes métiers, des hommes qui dans les arts n'arrivent à leur poste qu'à force de *docilité*, de soumissions, de sollicitations et de faveurs, gens que l'on pétrit et que l'on façonne à plaisir, et à qui on fait prendre leurs degrés dans le monde et sur l'échelle sociale, comme à certains ustensiles que l'on voit étiquetés, disposés par ordre sur les étagères des faïenciers

L'objet que nous avions en vue ne comporte pas de plus nobles termes et de plus grandes expressions.